ドラゴン桜公式副読本 16歳の教科書

7人の特別講義プロジェクト&モーニング編集部・編著

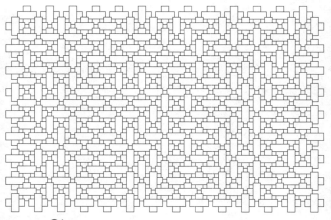

講談社+α文庫
プラスアルファ

開講の辞

なぜ学び、なにを学ぶのか

16歳のきみに聞きたいことがある。

きっときみはいま、「自分も高3になったら受験勉強して、どこかの大学に行くんだろうな」と思っている。ひょっとすると、もうなんとなく志望校を決めているのかもしれない。

それできみは、なぜ大学に行くのだろう?

親や先生が行けというから?

友達も行ってるから?

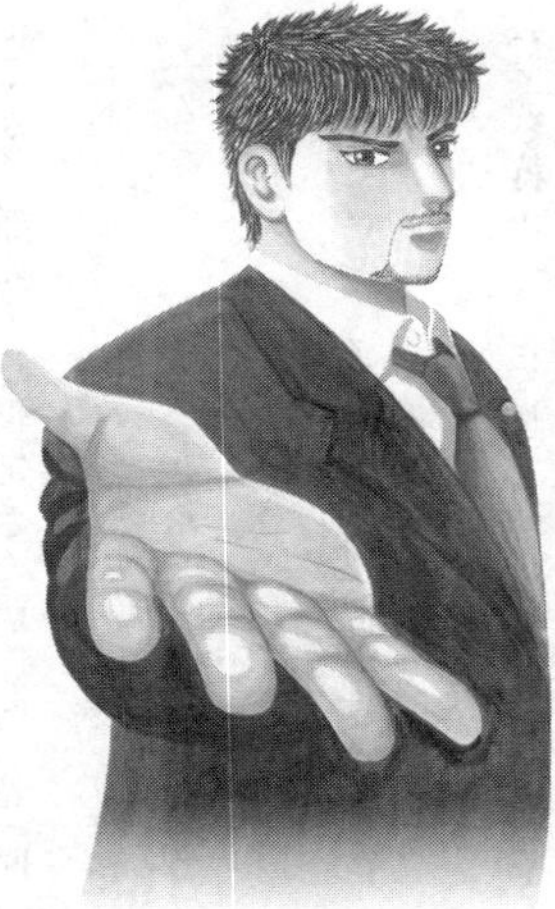

高卒では就職に不利みたいだから？

もし、きみが「たったそれだけの理由」で大学に行くというのなら、行く意味なんかない。

なぜなら、これらはすべて「自分の外にある理由」だからだ。

考えてみてほしい。親や先生、それから友達に自分の人生を決められるなんて、きみはそれでいいのか？　おかしな話だと思わないのか？

そして「大卒じゃないと就職に不利だ」というのもウソだ。高卒はもちろん、中学卒業後に職人の世界に入り、そこから誰にも真似できないような素晴らしい業績を挙げている人は、世の中ゴマンといる。

要するにきみは、「ただなんとなく、みんなそうしてるから」大学に行こうとしているのだ。

そしてきみは「ただなんとなく、みんなそうしてるから」勉強しているのだ。

あれほどきみたちを悩ませる国語も数学も英語も、そして理科も社会も、そんなあやふやな理由で勉強しているだけなのだ。

もちろん、大人たちも勉強はする。

ビジネスマンがマーケティングの勉強をしたり、弁護士が法律の勉強をしたり、コックさんが新しいメニューの勉強をしたり。

でもこれらは、彼らにとって今日の仕事、明日の仕事に必要な勉強ばかりだ。勉強する理由、勉強しなければならない理由は、しっかりとある。

だから大人たちは、国語も数学も勉強しない。せいぜい英会話スクールに通う程度で、物理や地理を勉強しようとする大人なんて、ほとんどいない。そんなもの、今日や明日の仕事にはなんの関係もないからだ。

さあ、問題はここだ。

きみたちはなぜ、大人たちもしないような勉強をしているんだろう？

きみたちは学校で、なにを学ぼうとしているのだろう？

もし、きみたちが高校3年生になったら、こんなことを考える余裕はなくなる。その時間があったら、ひとつでも多くの単語を覚え、ひとつでも多くの計算式をこなすことが求められるようになる。

だから、16歳といういま、きみたちに真剣に考えてもらいたい。自分が勉強する理由、そして自分が勉強するものの正体を。

『ドラゴン桜』の舞台である、我が龍山高校には、素晴らしい教師陣が揃《そろ》っている。国語の芥山龍三郎、数学の柳鉄之介、英語の川口洋、理科の阿院修太郎、そして社会科の桜木建二だ。

今回は、この教師陣の紹介のもと、全国からさらに素晴らしい超一流の講師陣に集まっていただいた。いずれも本を出せばベストセラーとなり、塾を開けば欠員待ちの行列ができ、テレビや雑誌にも引っ張りだこのスペシャリストたちばかりである。

そして彼らに、特別講義を開講していただいた。

テーマはズバリ「なぜ学び、なにを学ぶのか」である。

なぜ、国語を学ぶのか。数学なんか勉強して、なんの役に立つのか。英語なんか翻訳機があればいいじゃないか。物理を知って、なにが変わるというんだ。社会のことなんて、どうでもいいじゃないか。

そんな思いは、この特別講義の終了後、すべて吹き飛んでしまうだろう。

16歳のきみたちは、もう子どもではない。
そして残念ながらまだ、大人ともいえない。
子どもの季節が終わり、大人の人生が始まったいま、きみたちに本書を贈りたい。
この一冊には、きみの人生を変えるパワーがある。

龍山高校　特進クラス担任　桜木《さくらぎ》建二《けんじ》

16歳の教科書　目次

を磨くために／「詰める力」を伸ばすには／「できなかったこと」を復習するノート術／ノートは一気に写す習慣をつける／数学が嫌いな人なんていない？／数学力と国語力の関係／現実の厳しさを知ること／高濱先生へ5つの質問

4時限目 ✏ 英語 大西泰斗 「感じる英語」の提唱者

考える前に、感じてみよう！

英語の「感じ」をキャッチする

どうして英語が使えないのか／ホントの「英語」との出会い／英語は「並べる言葉」。パターンに感覚が通っている／英語が苦手な原因は？／表現の感覚を深く知る／教科書を飛び出せ／「問題」だということを忘れてみる／きみの未来は「違和感」の中にある／大西先生へ5つの質問

と／ナナメの関係をつくろう／生きるためのバランス感覚を／夢よりも大切な「クレジット」／テレビとケータイを切る勇気を／藤原先生へ5つの質問

課外授業 心理 石井裕之 カリスマ・セラピスト

「自分という他者」を味方につけよう

モチベーションをキープする心のトレーニング

「コールドリーディング」ってなんだ？／「自分という他者」を意識してみる／自分を信じ込ませるテクニック／「大丈夫だ」と思うほど不安になってしまう／ニセ占い師に学ぶ心理テクニック／きみの部屋は「合格する人」の部屋か？／「合格圏内の人」として振る舞う／「早く受験地獄から抜け出したい」ではうまくいかない／「数学が苦手」は強みにもなる／自分の得意分野をつくるには／否定形の言葉は使わない／根拠がないからこそ自信なんだ、という発想／どうしてクラスで友達ができないんだろう？／勉強を持続させる究極の裏テクニック／これから受験を迎えるきみたちへ／石井先生へ5つの質問

旧時代に生まれ、
新時代を生きるきみたちへ。

Dedicated to those born in the past era
and to be alive in the forthcoming.

編集　7人の特別講義プロジェクト
古賀史健（株式会社バトンズ代表取締役社長）
佐渡島庸平（株式会社コルク代表取締役社長）
入江　潔
撮影　森　清
伊藤泰寛（講談社写真部）
本文デザイン　岩間良平（トリムデザイン）

1時限目 国語

絵筆のように言葉を使おう

ほんとうの「国語力」を身につけるために

特別講師　気鋭の日本語学者

金田一秀穂

きんだいち・ひでほ　１９５３年、東京都生まれ。上智大学心理学科卒業。東京外国語大学大学院日本語学専攻修了。祖父・京助、父・春彦に続き、日本語研究を専門とする。中国の大連外語学院、アメリカのイェール大学、コロンビア大学で日本語を教え、１９９４年ハーバード大学客員研究員を経て、杏林大学外国語学部教授。その他、インドネシア、ブラジル、ミャンマー、ベトナムなどで現地の日本語教師の指導もおこなう。また、国際交流基金日本語国際センター、独協大学などでも教鞭をとった。

国語とは、簡単なようでじつはもっとも難しい科目かもしれない。得意な人は、勉強しなくても点がとれる。でも、苦手な人はどこから手をつければいいかわからない。読み書きくらいならできるのに、いや読み書きに困らないからこそ、勉強法がわからない。国語という科目には、そんな厄介さが潜《ひそ》んでいる。

そこで、ユニークな語り口によるわかりやすい解説が人気の日本語学者、金田一秀穂先生に講義してもらった。講義のテーマは「ほんとうの国語力ってなんだろう?」。国語が苦手な人はもちろん、国語を得意としている人にとっても、たくさんの新しい発見があるはずだ。

龍山高校国語教師　芥山龍三郎

国語という科目の「厄介さ」

国語というのは、かなり特殊な科目です。きっと、どこから手をつければいいのかわからない、という人はたくさんいると思います。

たとえば英語や数学を勉強するとき、みなさんはどうしますか?　とりあえず、英単語を覚える。あるいは公式を覚える。そんな感じで、わりとまっとうな勉強法がありますよね。日本史や世界史、地理や物理でも同じようなことがいえるでしょう。

ところが、国語が相手にするのは、日常的に使っている日本語そのものです。

中高生にもなれば、よほど難しい漢字でないかぎり読み書きくらいはできますし、その意味だってなんとなく理解できるでしょう。漢字が大丈夫だとすれば、あとはせいぜい四字熟語を覚える程度だろうし、数学みたいな公式があるわけでもない。

そうなると「じゃあ、国語ではなにを勉強すればいいんだ？」という疑問が浮かんできますね。

これは国語や言葉を考えるうえで、とっても大切な問題です。

まず、ものすごく大ざっぱな話をすれば、いわゆる「学力」とされるものは、ほとんどが「記憶力」のことなんですね。

そのため、勉強の多くは「覚えること」に費やされます。

ところが国語の場合、新しく覚えることが非常に少ない。

なぜなら、日本語という母語は、わたしたちが生まれ育つうちに「自然と身につけているもの」だからです。

ほかの科目が「覚える」ことからスタートするのに対して、国語はすでに「身についている」。これは大きな違いですよね。

みなさんが国語の勉強法に悩む原因も、ここにあるわけです。

これって、じつは国語を学ぶ側（生徒）だけの問題ではなくって、教える側（教師）にとっても、厄介な問題なんです。

日本史や世界史のように、「課題を暗記しているかどうか」なら簡単にテス

類語大辞典
友達語
日本語文法大辞典
広辞苑
第四版
学研国語大辞典
応用言語学事典
言語学大辞典
第六版

トできます。しかし、国語のように暗記がメインでないとなると、良質な試験問題をつくるのにも苦労するわけです。

「国語力」というあいまいな言葉

そこで最近、よく語られるようになったのが「国語力」という言葉です。

みなさんも、聞いたことがあるでしょ？

近ごろの若者は国語力が足りないとか、国語力を鍛える本、とか。最近では、失言をした国会議員までが堂々と「わたしには国語力がございませんもので……」などと弁明していました。

でも、この国語力という言葉、じつは「これこれこういう能力のことを、国語力と呼びましょう」と学問的にはっきりと決められたものではありません。

なんとなく、国語という言葉のお尻に「力」をつけているだけの、とってもあいまいな概念です。

日本人と日本語は、こういう「それっぽい言葉」が好きなんですね。漢字力とか、人間力とか、あるいは感動力とか。なんでも「力」をつけると、それっぽく聞こえてしまうというところがあります。これは日本語の長所でもあるし、短所でもあります。

ただ悲しいことに、世間で語られている「国語力」は、非常にバランスの悪いもので、大切な要素がいくつも欠落している。それが、言葉の研究をしている人間としての率直な感想です。

それでは、ほんとうの国語力とはどういうものなのでしょう？

言語能力とコミュニケーション能力

僕ら言葉の研究をしている人間は、言葉というものを考えるとき、大きくふたつの側面から見ていきます。

ひとつは「言語能力」。

そしてもうひとつが「コミュニケーション能力」です。

まず、「言語能力」とはどういうものでしょうか。

これは人間が言語というものをもっているときに、その言語によって自分をしっかり表現できるか、また誰かの言葉を理解できるか、といった能力のことです。

具体的には、しっかりと発音できるか、語彙《ごい》が豊富であるか、一定の文法でその言葉を操ることができるか。

また、それら（発音、語彙、文法など）を駆使して、自分の考えをしっかりと表現できるか。反対に、言葉で語られたものについてしっかりと理解ができるかどうか。こうした能力のことを、言語能力と呼びます。

ひと言にまとめるなら、「表現と理解の能力」である、といえるでしょう。

しかし、どんなに表現と理解ができても、それだけではいけませんね。言葉とは、それを相手と「伝えあう」ことによってこそ、成立するものです。

そこで大切になるもうひとつの能力が「コミュニケーション能力」となりま

す。

言語能力をベースにして、自分を「伝える」ことができるかどうか。

言葉というツールを通じて、他者とうまく関係がつくれるか。

あるいは、たとえば小説という形で発表したときに、それが人に読んでもらえるようなものであるかどうか。

これらがコミュニケーション能力です。いわば「関係性の能力」ということになります。

そして、世間でいわれる国語力というのは、この言語能力とコミュニケーション能力がブレンドされ、しかも大切な「なにか」が欠落したものなんですね。

たとえば、国語力では発音の問題はほとんど無視されます。みなさんも、国語の授業で発音のテストなんかやったことないでしょ？

また、話し言葉というものをいっさい問題にしません。それよりも、漢字や作文のように、表記のことが問題になりがちです。

また、意外にも文法をおろそかにしている反面、語彙はとてつもなく重要視されます。一般に、語彙が豊富な人や難しい言葉を使う人ほど、「あの人は国語力がある」と評価されますよね。

そしてコミュニケーション能力のほうでは、相手に失礼がないかどうかといった、対人的配慮が重視される傾向があります。

これが世間でいうところの「国語力」の正体なのです。

じゃあ、どうしてこんなにアンバランスなのかと考えると、ひとつには「そのほうが試験問題をつくりやすい」という理由があるのでしょう。

学力というものは、数字にして測れなければ評価のしようがありません。

そして数字にしようとするなら、記憶力を測ることがいちばん簡単です。

ですから、国語という科目は、言語能力とコミュニケーション能力のうち「測れるもの」だけを取り出してつくられたもの、と考えてもいいのかもしれません。

もっとも、僕自身そういうテストをつくっている側の人間でもあるので、あまり大きなことはいえないのですけどね。

大学教授より近所のオバチャンのほうが優秀？

さて、こうやって考えてみると、国語の難しさがわかってきます。

たとえば、国語なり国語力なりが「言語能力」のみを問うものだったとしたら、もう少し話は単純なのかもしれません。

発音をマスターして、語彙を増やし、文法を覚える。そういった勉強法なりテストだったら、ある程度イメージできますよね。

でも、国語には「コミュニケーション能力」が含まれています。

たとえば、一般に男の子よりも女の子のほうが国語がよくできる、という傾向があります。これは、女の子のほうが対人社会能力に関して優れているという、脳科学的な理由によるものです。

実際、学校でも女の子のほうが「こんなふうに言ったらあの人は怒っちゃうかもしれない」とか「あの子はわたしを嫌っているんじゃないか」とか、そういう対人関係に関する話が好きでしょ？

これもコミュニケーション能力の一種ですから、こういう子のほうがいわゆる国語力は高いのではないか、と推測することができるんですね。

それから忘れちゃいけないのは、うわさ話が大好きなご近所のオバチャンたち。

彼女たちのコミュニケーション能力や、そこからつくられる世間智《せけんち》（生きるための知恵）みたいなものは、とてつもなく高いんですよ。

もっとも、彼女たちはとりたてて語彙が豊富だったり、ロジカル（論理的）だったりするわけではないので、直接的に「すごい国語力だなあ」と感じることは少ないでしょう。ペーパーテストを受けても、高得点がとれるわけではないと思います。

でも、世間智のみで考えるなら、僕らのように研究室にこもっている大学教授よりも、ずっと素晴らしいものを持っているのです。

大切なのは「美しさ」よりも「正しさ」

さて、以上のことを踏まえて、今日の本題である「ほんとうの国語力を身につける」というテーマに移っていきましょう。

まず、理科の教科書を思い出してください。

そうすると、こんな感じの文章が出てきますね。

「ビーカーに蒸留水を何cc入れました。そこに粉末状の何々という薬剤を加えました。アルコールランプで熱して、何度になるまで攪拌《かくはん》しつづけました」

こうした「事実と論理」のみで構成されたような文章は、あまり国語の授業では扱われません。でも、言語能力を磨いていくには、これが重要なんです。

たとえば、小学生に作文を書かせてみると、みんな「印象」ばかりを書いてしまうんですよ。

「今日は遠足に行きました。お花がきれいでした。とっても気持ちよかったです」

といった感じですね。

これは中高生になっても同じで、いわゆる国語というものがあまりにも情緒的になりすぎているところがあります。

つまり、美しい文章や感受性豊かな文章を書けることが、国語力の証《あかし》のようになっている。ベタベタした、甘ったるい文章が「美文《びぶん》」と思われるようになっている。

でも、言葉にとって大切なのは、見た目の美しさではありません。なによりも先に「正しさ」なのです。

美しさや情緒なんて、しょせんはご飯のふりかけみたいなもので、ベースとなるのは正確無比な文章なんですよ。

「今日は遠足に行きました。お花がきれいでした。とっても気持ちよかったです」

という先の文章の場合だと、「今日」とは何月何日なのか。「遠足」はどこに行ったのか。誰と、どのようにして行ったのか。「お花」はどんな花なのか。大きさは、色は、香りはどうだったのか。そしてなにが「気持ちよかった」のか、といった肝心な部分が抜け落ちています。

だからコミュニケーション能力ではない、もう少しピュアな言語能力を磨くためのトレーニングというものを、もっとやっていいんだろうと思いますね。

とにかく情緒を切り捨てること。

事実と論理だけで文章を組み立てていくこと。

それこそが、ほんとうの国語力を高めていくポイントなのかもしれません。

一枚の絵を言葉で書いてみる

国語力を鍛えるトレーニング方法として、僕はよく「絵を言葉で書いてごらん」と言っています。

自分の描いた絵でもいいし、漫画のひとコマでもいい。とにかくそれを言葉に変換してみる。いわば言葉に「翻訳」するんです。

たとえば、ひまわりの絵を見ながら、

「大きく育った黄色いひまわりが咲いている。ギラギラ輝く太陽に照らされている。青々とした葉には、くっきりと葉脈《ようみゃく》が浮かんでいる。太い茎は、少々の風が吹いても折れそうにない」

といった感じで言葉にしていく。

もちろん、絵だけではなく、テーブルに置かれたコップなどでもかまいません。次のような感じでしょうか。

「ガラス製の小さなコップがある。大きさはちょうど手のひらに収まる程度。容量にして180㏄といったところ。使い古され、やや曇っている。曇りをよく見ると、それは小さなキズの集まりである」

とにかく、目に見えるものを言葉に変換していくのです。

ここで、ひとつ注意すべきルールがあります。

それは、「自分の意見をいっさい入れない」ということ。

たとえば花を描写するときにも、「美しいピンク色に染まって」とか「はかない紫色の花が」なんて主観的な表現は入れない。

「美しいピンク色」も「はかない紫色」も、あなたの主観にすぎません。

もしかしたら、同じ花を見て「けばけばしいピンク色だ」と感じる人もいるかもしれないし、「毒々しい紫だ」と感じる人もいるかもしれないのです。

だから、詳しく説明するつもりで「美しい」とか「はかない」といった言葉を入れてみても、正確な描写から離れていくだけなんですね。

たとえば、あなたが海外旅行でヨーロッパの古城を見たとします。

そして帰国後、友達にその古城の様子を伝えようとするとき、「涙が出るくらいキレイな城だったんだよ」「とにかくカッコイイ城なんだ」と力説してみても、相手はまるでイメージできません。

それよりも「どこの国の古城なのか」「その古城は何階建てで、どんな形をしていたのか」「どれくらいの大きさなのか」「木造なのか、石造なのか」「何年ほど前の建造物なのか」「屋根の形、窓の形はどうだったのか」「城壁はあるのか、あるとすればどんな城壁か」「日本のお城とは、どう違うのか」といった、客観的かつ具体的な情報があってこそ、伝わっていくのです。

もうひとつ、面白いゲームがあります。

絵を言葉で書くことに慣れてきたら、今度はその文章を友達に読んでもらいましょう。そして、自分がやったのとは逆に、その文章を絵に描き起こしてもらう。絵を言葉に変換して、その言葉を絵に変換するわけですね。

ここまでやって、友達がそれなりに忠実な絵を描いてくれるようなら、あなたの文章はかなりの正確性を持っていると判断することができます。

数式や地図を言葉にしてみる

同じように、数式を言葉にしてみるのもいいでしょう。

たとえば「2＋y＝8」というシンプルな数式。

これも、言葉にしようとすると「2とyを足した値が8である。すなわち、yとは8から2を引いた値であり、よってyイコール6である」といった、かなり長ったらしい文章になります。

あるいは、一枚の地図を言葉にしてみる。

こちらも「駅前の郵便局がある交差点を右に曲がって、100メートルほど

進んだ左手にコンビニがあって……」といった具合で、かなり難しいものになります。

しかもこれらは、どこかひとつでも間違ったら、そのあと全部がズレてしまうものです。だから完璧な正確性が求められるし、同時にシンプルさ、わかりやすさも追求していかないといけません。

みなさん文章というと、「自分の気持ち」を書くものだとばかり思っていませんか?

そして学校でも、そんな文章ばかり書かされているのでは? 読書感想文もそうだし、作文もそう。学校を離れても、友達とのメール交換だってそうでしょう。もちろん自分の気持ちを文章にすることも大切だとは思いますが、それだけではダメなんです。

自分の気持ちというのは、「嬉しい、悲しい、楽しい、ムカツク、寂しい、ウザイ」くらいの言葉で、なんとなく表現できたような気分になりがちです。でも、ほんとうは自分が考えていることを正確に言葉にできていないのかもしれません。いや、きっとできていないはずです。

しかも我々は、自分が言葉にできていないということにさえ、気づいていない可能性があります。ほんとうはちっとも言葉にできていないのに、できたつもりになっているだけかもしれない。

そこで、こうやって「自分の気持ち以外のもの」を言葉にするわけです。そうすると、物事を正確に言語化することの難しさを痛感できます。さらには言葉という表現ツールの限界さえ、知ることができます。

ほんとうの国語力を磨く第一ステップは、ここにあります。

とりあえず「本の形をしたもの」を読む

次に、読書について考えてみましょう。

よく「小さいころから本を読め」とか「本を読むほど国語力が伸びる」みたいなことをいいますよね。

これって、誰かが実験したわけじゃないから、正しいかどうかはわかりません。まあ、読まないよりは読んだほうがいい。それは間違いないでしょう。

でも、僕がオススメしたいのは「本を読む」というよりも「本の形をしたものを読む」ということ。

読書といっても、小説ばかりじゃなくっていいんですよ。本の形さえしていればいい。本の世界って、もっともっと広いものなんです。

たとえば図鑑でもいいし、時刻表でもいいから、徹底的に読み込んでみる。あるいは地図や電話帳を丸暗記しちゃうとか。

そうした「本の形をしたもの」を読むという習慣は、いろんな違う世界を見せてくれるし、みなさんがこれからの人生を生きていくうえで、たくさんのメリットがあることだと思います。

だから、時刻表の読書感想文とか、動物図鑑の読書感想文なんか書いてみたら面白いと思いますよ。時刻表を眺めながら、特急の通過や上り電車と下り電車が交差する瞬間を「読解」していく。分刻み、秒刻みで動いていくシステマチックでスリリングな世界に思いを馳《は》せる。へたな小説よりも、ずっと想像力をかき立てられるものです。

そして、もともと読書が大好きで文学好きという人には、ぜひ小説や評論だけでなく、詩も読んでほしいですね。

詩人というのは、「その言語のもっとも美しい部分」を取り出すことができる人たちなのだと、僕は思っています。

日本語なら日本語という、ひとつの言語がもっている可能性は、詩という形になったとき、もっとも如実《にょじつ》に表れるんですね。その姿というものについては、知っておいたほうがいいんじゃないかと思います。

言語のもつ可能性、その極限を示してくれるもの。いまの日本でいえば、谷川俊太郎さんなんかは、その最たる例ではないでしょうか。

文体ってなんだろう?

好きな作家の文章を読んだとき、我々はほんの1~2ページで「あ、これはあの人の文章だ」と言い当てることができます。ひょっとすると、最初の数行でわかってしまうかもしれない。

いわゆる「文体」というやつですね。

そして文体とは、一般に「言葉の選び方」のことだと思われています。でも、ほんとうの文体とは、それだけではないんですね。言葉の選び方だけでなく、その人ならではの「論理の進め方」も、文体の形成に大きく関わっているのです。

論理の進め方、とはどういうことでしょうか?

たとえば、小さい子どもに映画『となりのトトロ』を見せたとします。そして、見終わった後に「どんな話だった?」と質問します。

そうすると子どもたちは「メイちゃんがね、こう言ったの。そしたらサツキちゃんがね、こう言ったの」というふうに、映画の中で言語化されたもの、セリフとなったものだけをピックアップして語るんですね。

言語化されたもの(セリフ)を言葉として再現することは簡単なんだけど、言語化されなかったものを言葉にして再現することは難しいのです。

それが、ある程度成長してくると「メイとサツキがバスの停留所でお父さんを待ってたら、となりにトトロがやってきてね」といった感じで、セリフ以外の部分も状況説明できるようになってきます。

つまり、耳から入ってきた情報をそのまま言葉にするのではなく、いったん抽象化し、まとめ、統合し、といったプロセスを踏めるようになるわけです。

大人になっても「誰それがこう言ってね、だからわたしはこう言ったのよ。そしたら彼女がこんなこと言うから、わたしは思いきってこう言ってやったわけ。すると彼女ったら、血相《けっそう》を変えてこう言って……」みたいな話し方をする人って、たくさんいますよね。

これでは論理的な文章にはならないし、結果として相手にもうまく伝わらない。

くり返しになりますが、大切なのは「情緒より論理」という原則なのです。それがなければ、文体も生まれません。

若者言葉は悪いのか？

日本語学者、あるいは大学教授という職業柄、「若者言葉をどう思いますか？」と聞かれることがあります。そして若者言葉を「日本語の乱れだ」という意見や、「日本語を破壊するものだ」という声も、よく耳にします。

でも、僕の率直な感想は「いいんじゃないですか、べつに」です。否定するつもりなんか、まったくありません。

まず、言葉は時代によって変化するものです。そしてその変化は、誰かが変えようと思って変えられるものではありません。逆に、変えまいとしても、そのままの形にとどまらせることは決してできない。それが言葉の本質です。

そして、僕がいつも思うのは、若者言葉とかギャル語とか呼ばれるものを使っているときの若者たちは、すごく楽しそうなんですね。

これはきっと、既成の言葉では伝えきれない「若者特有のニュアンス」が、若者言葉というツールによってのみ、表現できるからでしょう。だったら、べつに目くじらを立てるような問題ではないと思います。それに、流行語というのは一定の期間を過ぎると当初の新鮮さを失って、ほとんどが自然と消えていくものなんです。

さらにもうひとつ。じつは若者言葉を嘆《なげ》く大人たちの世界にも、たくさんの流行語があるんですね。

たとえば「癒《いや》し」や「こだわり」といった言葉は、その代表的な例です。「癒しの空間」とか「こだわりの名店」とか、オジサンたちはよく使いますよね。

あるいは営業先でよく使われる「御社《おんしゃ》」も流行語のようなもので、かつては「貴社《きしゃ》」という言葉でした。

こうした大人の流行語は、流行語と気づかれないまま使われることが多いようです。若者言葉と違いがあるとすれば、これら大人の流行語が丁寧《ていねい》な文脈の中でも使えるのに対し、若者言葉は丁寧にはなりにくい、という点でしょう。

だから、もし仮に国会議員が予算審議《しんぎ》などの場で「予算、やばくない？」「マジで？」みたいな言葉を使っているとすれば、それは場にふさわしい言葉

広辞苑

ではないし、言葉の乱れでしょう。でも、みなさんが友達とおしゃべりするときに「超笑える」とか「マジやばいよ」と使うぶんには、いっこうにかまわないと思います。

日本語の得意分野と苦手分野

日本語ってどんな言葉なんだろう、と考えたとき、そう簡単に「日本語にはこういう特徴がある」とは言えないんですね。

たとえば英語に比べたらこうだとか、中国語に比べるとこんな特徴がある、といった話はできるんだけど、世界中の言語を知っているわけではないので、日本語のみに見られる特徴というものを断言することは、なかなかできません。

その前提を踏まえたうえでいえば、いろんな特徴が挙げられます。

まず、日本語は「人間関係を表現するのが好き」ですね。

僕は以前、アメリカや中国の大学で日本語を教えていたのですが、彼ら外国人は「先生がわたしに日本語を教えました」と言うんですよ。でも、この言い回しは日本人からすると少し違和感がある。日本人はこういうとき「先生がわたしに日本語を教えてくれました」というふうに表現するわけです。わずかな違いのように思えるかもしれませんが、英語圏や中国語圏の人たちにとっては、これがなかなか難しいのです。

というのも、この「〜してくれました」という言葉の中には「先生は親切で、わたしは嬉しく思い、感謝しています」という気持ちが込められているわけです。

ただ教えた、教えられた、という事実のみを語るのではなくて、そこに上下の人間関係、また恩恵や感謝、温《ぬく》もりのようなものまで含んでいる。

つまり、日本語って湿気の多い、とってもウェットな言葉なんです。丁寧というのともちょっと違う、やっぱり人間関係における湿り気、なんですね。

外国人の使う日本語がどこか失礼なものに感じられるのは、こうした湿り気を含んだ人間関係の表現ができていないからだと思います。

そして、これは日本語というよりも日本人の特徴かもしれませんが、日本人は文字言語が大好きなんです。一般には文字言語よりも音声言語を重視する国（言語）のほうが多いんですが、日本人は明らかに文字言語を重視します。

たとえば旅先で道に迷ったとき、外国人だと通りすがりの人に道を尋ねるんですね。僕自身、いろんな国でいろんな人に道を尋ねられました。

ところが日本人は、道に迷ったらまず地図を見る。つまり、知らない人と話すのが苦手なんです。これはできるだけ音声言語（会話）よりも文字言語（文字）を使いたがる、という特徴につながります。携帯電話のメールがこれだけ流行しているのも、こんなところに理由があるのかもしれません。

逆に、日本語が苦手なのは「細かく分析的に言うこと」ですね。これは中国語、漢語（漢字語）のほうが得意としています。

たとえば、分析するというひと言にしても、「分析」という漢語を使えばスパッと言い切ることができますよね。

でも、和語《わご》（日本固有の言葉）で「分析」を表現しようとすると、「細かく分けて考える」みたいな、まどろっこしい表現になります。「特徴」なら「とりわけ目立つ点」といった調子です。

もっとも、これは長所にもつながるもので、漢語が細かく分類している言葉でも、和語なら大きくひとまとめにできます。

たとえば、世にあふれるさまざまな事象についても「もの」とか「こと」といえば、それだけでドーンとひと括《くく》りで言い表すことができる。

また「存在する」という漢語では、和語だと「ある」か「いる」となります。しかも、「部屋の隅に××がある」だったら物質、「部屋の隅に○○がいる」だったら生き物というふうに、パッと理解・表現することができる。

漢語をうまく取り入れつつ、和語の利点はそのままに活用している。日本語は、そんな面白い特性をもっているのです。

言葉とは覚えるものではなく、考えるもの

もし、僕が中学や高校で授業をやるとしたら、「言葉というのは覚えるもの

ではなく、考えるものなんだよ」ということを教えていきたいですね。

言葉って、じつは数学みたいなものなんだよ、と。

たとえば「君が国語辞典をつくることになったとして、『右』という言葉をどうやって説明する？」とかね。

右って言葉を使わずに、どうやって「右」を表現するのか。もちろん「左の反対側」みたいなズルもなしでね。これってかなり難しい問題ですよ。「箸《はし》をもつほう」という答えもダメ。左手で箸をもつ人だってたくさんいますからね。

そうすると「東を向いたときの南」とか「北を向いたときの東」とか、「ピアノの鍵盤で音階が高いほう」とか、いろんな答えが出てくる。

右も左も、みんなが知っているはずのことなんだけど、いざそれを説明しようとすると、すっごく難しいことがわかる。

こうやって頭を回転させることは、数学の方程式を解くのと同じ作業なんです。うまい答えが出れば、やっぱり方程式が解けたときと同じくらいの興奮や喜びがある。もっとも、数学のように正解が決まっているわけではありません。

それでも、大切なのは「答えはどこかで出るはずなんだ」ということ。たくさんの正解があるんだけど、答えが出ないということはありえないんです。だって、実際に右という言葉を使えて、それが理解できているわけだから。

だから今日の宿題として、「右、左、上、下、前、後ろ」という言葉をどう説明するか、みなさんもちょっと考えてみてください。

ここでの言葉は、考えるためのツールです。

数学は、数字や記号というツールで物事を考える学問ですよね。それと同じように言葉がある。そんな視点ももってほしいと思いますね。

金田一先生へ5つの質問

Q 子どものころなりたかった職業は？

A いろんなものになりたかったですね。建築家、タクシーの運転手、自動車のデザイナー。車が大好きで、特に自動車のデザイナーについては、けっこう真剣に考えてデッサンの勉強なんかもしていました。あとは研究者かな。なんの研究というわけではないんだけど、大学の研究室にいる、研究者になりたかったです。

Q どんな子どもでしたか？

A ひと言でいえば「老成」した、いやな子どもでした。じつは小学生のころ、病気で丸２年間も入院していたんです。ベッドの上でじっとして、絶対安静のままでね。そのせいもあってか、子ども時代には「あきらめる」という癖がついていました。これはいまも同じかな？

Q どうして言語学の世界に？

A もともとは文化人類学がやりたかったんですよ。でも、それでは食えないことがわかって、ウロウロしているうちに言語学にたどり着いたという感じです。ただ、言葉を知れば知るほど「どうやら自分はこの仕事が好きだぞ」と思うようになりました。「考えていることを、できるだけ正確に言葉という形に変換して外に出す」、それが自分の仕事なんだ、自分は変換機なんだ、と思ったんです。

Q 感銘を受けた本は？

A 鉄道時刻表と社会科地図帳です。特に時刻表は、どんなに眺めていても飽きなかったですね。

Q 疲れたときのストレス解消法は？

A 疲れは感じません。なぜなら、僕の本務はゆっくりくつろぐこと、その合間に仕事をしています。

オススメ！ 金田一先生の本

新しい日本語の予習法
角川書店
定価：667円＋税

ふしぎ日本語ゼミナール
NHK出版
定価：700円＋税

2時限目 数学（計算問題）

数学力とは「真実を見抜く力」だ！

数学は社会に出てこそ役に立つ

特別講師　計算力の達人

鍵本聡

かぎもと・さとし　１９６６年、兵庫県生まれ。現在、株式会社ＫＳプロジェクト代表取締役として教育・出版業に携わるかたわら、関西学院大学、大阪芸術大学、コリア国際学園非常勤講師。京都大学理学部、奈良先端科学技術大学院大学情報科学研究科卒。工学修士。エンジニア、高校教諭、大手予備校数学科講師を経て現職。豊富な経験をもとに、生徒の立場からの学習法を実践的に探求。主な著書に『高校数学とっておき勉強法』『理系志望のための高校生活ガイド』『計算力を強くする』シリーズ（以上、講談社ブルーバックス）などがあるほか、理系女子応援マガジン『Rikejo』（講談社）にて勉強ページの連載を担当する。

中高生に嫌いな教科のアンケートをとったとき、1位になるのは間違いなく数学だろう。そして数学を嫌いになるほど、次のような疑問が浮かんでくる。「方程式や関数なんて、社会に出てなんの役に立つんだ?」。なんのために勉強するのかわからなくなり、そのせいで「やらされている感」が高まって、ますますやる気を失ってしまう。

　そこで今回、数学では特別に二人の講師に登場してもらうことにした。まず一人目は「計算力」のスペシャリスト、鍵本聡先生。計算力の鍛え方から「なぜ数学を学ぶのか?」という素朴な疑問、そして意外な数学上達法まで、幅広い内容の講義となった。

龍山高校数学教師　柳鉄之介

理解するだけでは点にならない

僕は現在（2007年当時）、奈良で「がくえん理数進学教室」という、理数系の学習塾をやっています。また、高校の教諭だった時代もありましたし、大手予備校で数学の講師を務めていたこともありました。

その経験を踏まえて考えると、数学はおおむね不人気な科目ですね。不人気どころか、数学を憎んでるような生徒までいる。そして世間一般で考えても、数学に「難解なもの」というイメージがあるのは事実でしょう。

そこで、僕なりに数学が難しい理由について考えてみたいと思います。

まず知っておいてほしいのは、数学はシンプルな学問なんだ、ということ。とっても理路整然とした、どこにもあいまいなところのない学問です。

だから、先生から丁寧《ていねい》に教わっていけば、ほとんど問題なく理解できる。数学が苦手という生徒でも、授業中に黒板を写しているときは、素直に「なるほど、そうか」という気持ちになれるんですね。

ところが、数学は「理解する」とか「納得する」だけでは0点なんです。先生の言ってることに納得しているだけではダメで、それを自分で答案にできることが大切になるんです。

つまり、受け身の姿勢で理解するだけではなくって、自分から自発的に動いていく能力が必要なんですよ。

きっと、ここが数学の難しいとされるポイントなんだと思います。

実際、数学のテストでは授業をまじめに聞いている生徒が0点をとって、授業中に寝ていた生徒が満点をとることも十分にありえます。一般には「数学＝ガリ勉の科目」というイメージがあるかもしれませんが、「まじめ」だったら数学ができる、というわけではないですね。

もう少し詳しく説明すると、「理解する」ということと「答案にする」ということは、まったく別の作業なんですね。

だから、わかったはずなのに点がとれない。

わかったと思っていながら、本当はなにもわかっていない。

そういうことが頻繁《ひんぱん》に起きるのが、数学なんです。

解答という果実の育て方を学ぼう

僕の塾にはたくさんの「数学が苦手な生徒」がやってきて、保護者の方から「ぜひ、数学の楽しさを教えてやってください」と言われることがあります。そして「数学を好きにさせてやってください」と言われるわけです。

でも、じつは僕自身が、数学をそれほど好きじゃないかもしれないんですよ。

誰かに「数学が好きですか?」と聞かれたとき、素直に「イエス」と言えない自分がいるんです。

数学が面白いかと聞かれたら、イエスと答えます。

そしてパズルとかトランプとか、数学的要素をもったゲームは大好きです。時間を忘れて没頭《ぼっとう》しちゃうくらい、大好きです。

でも、数学そのものとなると、難しいですね。少なくとも僕の場合、パズルを遊ぶような気持ちで数学の問題を解くというのは無理です。やっぱり数学の問題は面倒なものも多いし、かなり頭を回転させないといけないから疲れる。

だから、僕がいま数学を教えたり、数学の本を書いたりしているのは、自分勝手な義務感とか使命感みたいなものがあるからなんです。決して数学が好きだからとか、楽しいからといったものではないんですよ。

それに、基本的に僕は「数学を好きになる必要なんてない」と思っています。数学を教えている立場で言うのもおかしいけれど。

これは食べ物の好き嫌いみたいなもので、たとえばピーマンが嫌いだという人に「ピーマンを好きになれ！」というのは無茶な話ですよね。嫌いなものを好きにしようなんて、極端なことを考えなくていい。せいぜい、ピーマンが「普通に食べられる」くらいになればいいんです。

このとき、いろんな手段が考えられると思うんですけど、僕が有効かなと考えているのは、「ピーマンをつくっているところを見せてあげる」ということ。

ピーマンの生産農家を訪ねたり、あるいは自分たちで栽培したりして、ピーマンという野菜ができあがる過程を見せてあげる。農家の方々がどれだけ手間ひまかけてピーマンをつくっているのか、そこにどれだけの愛情が注がれているのか、自分の目で確認するんですね。

数学でそれをやる場合、いちばんいいのは一度先生に代わって、クラス全員の答案を「採点」させてあげること。学校で授業の一環としてやるのはなかなか難しいとは思うけれど、ぜひ一度やってもらいたいですね。

もちろん、仲のいい友達数人で集まって、お互いの答案を採点してみるというレベルでもかまいません。

そうすると、鈴木君はこんなことを考えた、佐藤君はこうやって解いていった、田中君はここで間違えてしまった、ということが手に取るようにわかる。みんなが数学に取り組むとき、なにを考え、なにをひらめき、なにを間違ったのかがすべて理解できるんです。

正解という果実は、どうやってつくられるのか。これを知るには、採点してみることがいちばんの近道です。

だって、みんな基本的には自分の答案しか見たことがないでしょ？

そうじゃない、生々しい試行錯誤《しこうさくご》の跡が残った答案を見て、いろんなことを感じとってほしい。答案には、その人の頭の中がそのまま映し出されています。つまり、答案を見ることで、「できるヤツの頭の中」を覗《のぞ》くことができるんです。

数学力ってなんだろう？

数学が嫌いな人ほど、「この方程式が、社会に出てなんの役に立つんだ」「二次関数なんか、大人になって一度も使わないじゃないか」といったことを言います。

数学はムダに難しくて、意味のないことばかりやらされる科目で、社会に出てもなんの役にも立たないと考えてしまう。受験のためだけに存在しているような科目だと思えてしまう。だから、どうしてもモチベーションが上がらない。

たしかに、社会に出てから二次関数や三角関数、微分積分《びぶんせきぶん》の知識を活かす機会なんて、ほとんどないのかもしれません。

でも、数学で学ぶのは「知識」じゃないんです。

もっと根っこのところにある「数学的思考」、つまり、ものの考え方や論理の進め方などを学ぶのが、数学という学問なんですね。

だから僕はいつも、数学力とは「真実を見抜く力」だと言っています。

たとえば、大人になってインチキ臭い儲け話《ばなし》を持ちかけられたとする。ネズミ講とか、マルチ商法みたいな話、あるいは「絶対に値上がりする株があるよ」といった投資話ですね。ここで数学力の弱い人は、すぐに「それは素晴らしい！」と乗ってしまいます。

しかし、数学力のある人なら、

「結局、ここで最終的に儲かるのは誰なのか？」

「自分の支払うお金はどこへ流れ、自分にどれだけ返ってくるのか？」

「その保証はどこにあるのか？」

「この営業マンの語っているロジック（論理）に、おかしな点はないか？」

などを冷静に判断することができます。

つまり、世にあふれるインチキを見破り、そのウラにある真実を突きとめることができるんですよ。

怪しい儲け話、インチキ宗教、詐欺《さぎ》、それから犯罪。これらに巻き込まれないためには、数学力って絶対に必要な力であり、自分の身を守る術《すべ》なんです。

もちろん、数学力が役立つのはそれだけではありません。

たとえば、就職や転職を考えるときでも、数学力のある人ほど冷静にメリットとデメリットを判断することができる。

結婚してマイホームを購入するときでも、無理のない返済プランが組めるとか、マンションと一戸建てのメリットとデメリットを客観的に考えられるとかね。

そういう意味では数学って、人生のあらゆる場面で役に立つ、かなり実生活にリンクした存在なんです。たとえ実際に数字は使わなくても、数学的思考はいろんなところで役立つものなのです。

「計算視力」を鍛えよう

さて、今日のテーマは「計算力」ですね。

僕は、数学の中には「計算視力」というものがある、と言っているんですよ。

計算視力というのは僕の造語で、簡単にいえば「問題文や計算式を目で解く力」のことです。

特にこれは計算問題になると有効です。

たとえば、次のような問題があったとします。

★例題１　**35×18＝?**

★例題２　**228×5＝?**

★例題３　**31÷25＝?**

この程度の単純な計算問題であっても、普通に筆算していたらそれなりに時間のかかるものでしょう。

しかし、計算視力を磨いていけば、ほんの3秒程度の暗算で片づけることができるようになります。しかも、これは数学が得意とか苦手とか関係なく、誰にでもできることです。

実際に、それぞれの「計算視力」の使い方について、説明していきましょう。

★例題1　**35×18=?**

ここで注目するのは、35が5の倍数であること。そして18が偶数であること。これさえ「見えて」しまえば、次のような展開が可能になります。

35×18=35×（2×9）

すると今度は、**=（35×2）×9**となり、これが**=70×9**であることが見えてくる。そうすれば**7×9**の10倍で630、という答えがポンッと出てくるわけです。

★例題2　**228×5=?**

続いて例題2では、「**×5**」という部分に注目します。5という数字は**10÷2**のことですから、「**×5**」とは2で割ったものを10倍したもの、ということになります。つまり、

228×5＝228×（10÷2）

を第一ステップに、＝**（228÷2）×10**という姿が見えてくる。

そうすると、**＝114×10**なので、1140という答えが出てきます。先に2で割って、あとで10倍する。それが「**×5**」のかしこい解き方です。

★例題3　**31÷25＝?**

例題3も、この延長線上にある問題になります。「**÷25**」とは「**×4÷100**」のことです。つまり、

31÷25＝31×4÷100

ということになり、**124÷100＝1.24**という答えが導き出されます。例題2の「**×5**」では先に2で割ってあとから10倍したのに対し、「**÷25**」のときには先に4倍して、それを100で割るのです。

計算視力とは暗記力とひらめきの産物

このように「5の倍数×偶数のときには、偶数の2だけ先に掛ける」とか「×5のときには、先に2で割ってから10倍する」とか、「÷25のときには、先に4倍して100で割る」といったパターンは、あらかじめ暗記することになります。

ただ、暗記したからといって計算視力が向上するわけではなく、ある程度数をこなしていくことが大事です。そうすると「あ、あのパターンに似てる」とか「あれを応用したパターンが使えるぞ」とか、ひらめきが降りてくるようになる。つまり、計算視力が鍛えられていくわけです。

なお、これらのパターンや応用方法については、拙著《せっちょ》『計算力を強くする』や『計算力を強くするpart2』(共に講談社ブルーバックス)に詳しいので、ぜひそちらを参考にしてください。

さて、ここまで読んで「パターンを暗記するなんて面倒だ」と思った人も、少なくないでしょう。

でも、パターンを覚えることって、とても簡単なんです。

これは有名な話ですが、フランス語は10進法と20進法が混在しています。

たとえば80という数字は、日本では「はち・じゅう」ということで、あえて分解するなら「**8×10**」と理解されていますね。これは10進法の考え方です。

ところが、フランス語では80のことを「カトル（4）・ヴァン（20）」といって、いわば「**4×20**」として数えるのです。

だから99にもなると大変で、「カトル（4）・ヴァン（20）・ディズヌフ（19）」となる。これは「**(4×20)＋19**」ということです。日本人からすると、なんと面倒くさい数え方だ、と思いますよね。

でも、フランス人が99という数を使うときに、わざわざ「**(4×20)＋19**」と計算しているわけではありません。これは日本人が99を「**(9×10)＋9**」などとは考えていないのと同じことです。

さらに、数字を10という単位だけでなく、20という単位でも考えられることは、フランス人の計算視力にとって大きなアドバンテージになっている可能性さえあります。実際のところ、フランスは数学先進国として世界的に認められていますしね。

やや話が脱線しましたが、パターンを覚えることは簡単であり、覚えれば覚えるほど、数字はいろんな表情を見せてくれるのです。

数字にはキャラクターがある

数学が楽しくなっていくと、少しずつ数字がもつ性格、キャラクターがわかるようになっていきます。

数字のキャラクターといってもピンとこないかもしれませんね。

たとえば、僕は60という数字が好きなんですよ。これは1〜6の最小公倍数です。それもあって、とてもユニバーサル（普遍的）な数字だというイメージがありますね。

ところがここに7が入って、1〜7の最小公倍数になると、途端《とたん》に420になるんですよ。これは60の7倍です。また、8まで入るとさらにその倍で840になる。

その意味でいうと、7って全体をかき乱す、孤独な数字なんです。

たとえば、1から10までの数字にそれぞれ人格があって、同じ学校のクラスメイトだったとしましょう。

そうすると、6君はみんなと仲良くなれる人気者なんです。2や3の倍数であり、4や8や10とは偶数としてつながっている。そして9とも3の倍数としてつながっている。

これに対して、7君は誰ともつながろうとしない、孤独な性格なんです。誰の約数でもないし、せいぜい1の倍数であるだけ。偶数でもありません。

1から10までの中で、このように孤独なのは7だけで、ほかの数字はみんなどこかで結びついています。9だったら3の倍数だし、5だって10の約数。それなのに、7君だけはどうしても浮いてしまう。……数字って、なかなか面白いでしょ？

「ラッキー7」や映画『七人の侍』など、孤独を愛する7という特別な数字には、人を惹《ひ》きつける不思議な魅力、あるいは魔力があるのかもしれませんね。

そういえば、この『16歳の教科書』も7人の特別講義をまとめたものですよね？

こうやって、それぞれの数字がもつ性格やキャラクターをイメージしていくと、数字に対する愛着も湧《わ》いてくるし、計算視力も向上していくでしょう。

そしてもうひとつ、数字に慣れていく日常的なトレーニングとして、電話番号や車のナンバープレートを意識的に覚えるようにするといいと思います。

たとえば「03-5395-xxxx」という電話番号を覚えるときって、なんとなく「5395」という数字が持つ印象ってありますよね？

そういうフィーリングを大事にしてほしいんです。

また、再びフランスの例を挙げれば、フランスでは電話番号を2桁ずつ覚えているんですよ。日本人が03-5395-xxxxと覚えるものを「03-53-95-xx-xx」と覚えるわけです。

これにならって、電話番号を2桁で区切ってみるのも面白いかと思います。

そして慣れてくれば、ちょっと数学的に「53」は6×9−1だと考えたり、

「95」は19×5だと考えたりしてみる。

電話番号ひとつで、いろんな数字の遊びができるんですね。

数学が苦手な生徒は姿勢が悪い

これは意外な話かもしれないけど、数学が苦手な生徒って、姿勢が悪いんですよ。

体を傾けたり、のけぞったりして授業を聞いて、テストに臨《のぞ》んでいる。たとえば難しい問題を前にしたとき、「わかんねえよ」って体を傾けたり、のけぞったりするんですね。こんな姿勢では、数学にとって大切な「集中力」が生まれません。だから、なおさらわからなくなってしまうんです。

一方、できる生徒は、難しい問題が出てなかなかわからなくても、とりあえず前傾姿勢で机に向かっているんです。それで問題を鉛筆でなぞりながら何度も読んだり、問題文を自分で書き直してみたりとか、前向きな努力を続けている。そうしているうちに、ふと「なるほど！」というきっかけが見えるようになるんです。

そして数学が苦手な生徒は、とにかく消しゴムを使う回数が多いですね。せっかく書いたものを、平気で全部消してしまう。もしかすると、その中に答えやヒントがあるのかもしれないのに、なぜか全部消してしまうんです。そんなの時間ももったいないし、消しゴムをごしごしやっていると、焦《あせ》るだけなんですよ。消しゴムを使うのは必要最低限に抑えるようにしましょう。

それから「左手を使わない」という特徴もありますね。

生徒たちを見てると、左手をお尻や太ももの下に入れて問題を解いてる生徒は、けっこう計算ミスが多い。このあたりはしっかりした統計データがあるわけじゃないけど、きっと両手を使うほうが脳が刺激されるんでしょうね。

だから、初めて授業をする生徒たちでも、それぞれの姿勢を見れば「おまえ、計算間違いが多いやろ？」って言い当てることができますよ。

だから僕の塾では、まず姿勢です。

姿勢を正しくすることから勉強は始まる。そして、実際それだけで成績が伸びていく。数学に関していえば、もう間違いなく伸びます。これはいますぐ、誰にでもできる成績アップ術ですよ。足を組むのもダメ。基本原則は「体を左右対称にすること」です。

みなさんもぜひ、明日から意識してみてください。

リズムに乗って計算していこう

計算問題をやるとき、だまって解いていたり、ぶつぶつ念仏を唱えるように解くのではうまくいきません。

もっと規則正しく、一定のリズムに乗って解いていくようにしてください。頭の中で4ビートを刻みながら、そこに数字を乗せていくような感覚ですね。

そして計算を速くするためには、計算リズムのピッチを速くする。つまり4ビートから8ビートにテンポアップするんです。急ぎながらも、テンポを崩さず、リズムを刻んでいくんですね。

実際、音楽の先生と話をすると、「リズム感のある生徒は数学ができる」という経験則で一致することが多いんですよ。

ほら、アルファベットでもＡＢＣの歌で覚えるでしょ？

だから数学だけじゃなく、たとえば国語の『平家物語』なんかでも、自分で適当にメロディをつけて「祇《ぎ》園《おん》精《しょう》舎《じゃ》の鐘《かね》の声ぇ〜、諸《しょ》行《ぎょう》無《む》常《じょう》の響きありぃ〜、娑《さ》羅《ら》双《そう》樹《じゅ》の花の色ぉ〜、盛《じょう》者《しゃ》必《ひっ》衰《すい》の理《ことわり》をあらわすぅ〜」なんて歌にすると、一発で覚えますよ。『平家物語』なんて、琵《び》琶《わ》法師たちが歌い継いできたものですしね。

もともと日本人は、「一《ひと》夜《よ》一《ひと》夜《よ》に人《ひと》見《み》ごろ（1.41421356＝$\sqrt{2}$）」とか「富《ふ》士《じ》山《さん》麓《ろく》オウム鳴《な》く（2.2360679＝$\sqrt{5}$）」とか、語《ご》呂《ろ》合わせが好きという文化を持っています。

また、五・七・五の俳句や、五・七・五・七・七の短歌という素晴らしいリズムの文化も持っている。

せっかくそんな伝統や文化があるんだから、言葉だけじゃなく、数字もリズムに乗せてみましょう。

その問題の「ジャンル」を考える

数学が苦手な生徒を見ていると、勉強したはずの問題で、答案用紙を白紙のまま提出してしまうことがしばしばあるようです。

問題集を一冊丸ごとバッチリこなしたつもりでも、「これは、あの問題集のどこの範囲でやったことを問うているのか」がわからないと、そうなってしまいます。

問題を見てもそれが数列の問題なのか、整数問題なのか、確率の問題なのか、といった「ジャンル」を見抜けないわけです。

学校の小テストで「今日は数列のテストをやります」と言われたらある程度解けるのに、なにも事前情報がない模擬試験では点がとれない。

だから、僕の塾では生徒たちに問題用紙を見せて、「解かなくていいから、これが『どこの範囲の問題なのか』答えなさい」という授業をやることがあります。

それで「これはベクトルで解きます」とか「これは確率の問題に見えるけど、漸化式《ぜんかしき》に置き換えて数列で解きます」とか「この数列の問題は、じつは整数問題です」みたいなことを答えられたら、もうそれで正解にする。

もちろん、これは自分でもできることです。

文章題を前にしたとき、いきなりとりかかろうとせずに、まずは「これはなにを使って解く問題か」を考える。

そして答えられたら、計算はすっ飛ばして次の問題にいく。

そういう「見抜く力」を鍛えることによって、数学力も伸びていくんですよ。

ただ、最近の入試の傾向としては、たとえば東大なんかに顕著《けんちょ》なのですが、数列なら数列と、一概に言い切れないタイプの問題を出す大学も増えつつあるんですけどね。

でも、そういう問題を前にしても「わからない」と投げ出すのではなく、とりあえずバットを振ってファウルにしておく。

それだけでも、テスト全体は全然違ってきますよ。

やる気が出ないときはファミレスで勉強

勉強しようとしても、なかなか気分が乗らないときってありますよね？

そんなときは、近所のファミレスやファーストフード店に行って勉強するのもお勧めです。静かな図書館に行くんじゃなくって、あえて騒々しいファミレスやファーストフード店を選ぶんです。

きっと店内には、同年代の「遊んでるやつら」がたくさんいるでしょう。そこに自分は、いかにも難しそうな分厚い参考書を持ち込んで、耳栓でもしながら静かに勉強する。

不思議なことに、こうやって勉強していたら「みんな遊んでて羨《うらや》ましいな」とか「自分も遊びたいな」という感情は起こらないんですよ。

むしろ、「オレ、がんばってるな」とか「ここで遊んでる場合じゃないんだ」という気持ちになってくる。

そうやって自分の優越感をうまくくすぐってやれば、勉強することが楽しくなっていきます。勉強している自分がカッコよく思えるし、勉強を放棄して遊び回ることがカッコ悪く思えてくるんです。

もちろん、勉強の効率そのものは自宅や図書館で勉強したほうがいい。だから、ちょっとした気分転換のつもりでやってみてください。

数学はホームラン科目だ

受験ということにかぎっていうなら、数学ってホームラン科目だと思うんです。

普通、野球の試合って、ホームランが出なくても勝てるものですよね。守備がしっかりしていて、ヒットや盗塁、バントをこつこつ重ねていって点をと

る。

そしてたぶん、英語、国語、数学という3科目があったとすれば、英語と国語は守備力やヒットで確実に稼いでいく科目なんですね。基礎体力が必要だし、広範な知識が必要になる。

ところが受験数学では、いわゆる「一発狙い」が可能なんですよ。たとえば「数列だけは絶対にとろう」「確率の問題だけは打ち返す」とか、そうやって大振りしていくことは、それほど難しいことではない。

だから、どうしても数学が苦手だという人は、もう「変化球は見逃していいから、ストレートだけは絶対に打つんだ」という感じで、狙い球を絞《しぼ》った勉強をしていくのがいいと思います。

そして国語と英語は、守備やヒットで稼いでいく。

数学では、2本か3本のホームランを打つ。すべてのボールを器用に打ち返す必要はありませんよ。

数学を通じて人生を語りたい

僕はもともと、数学教師になるつもりなんかなかったんです。

大学を出てから、最初は電子楽器のメーカーに勤めました。仕事はコンピュータのエンジニア。音楽も好きだし、楽器に携《たずさ》わる仕事だから面白そうだと思ったわけです。

ただ、仕事そのものは面白いんだけど、やっぱりコンピュータオタクみたいな人が集まってる部署だから、隣の人と話すのも電子メール、みたいな職場なんですね。結局そういう雰囲気がイヤになって、転職を考えるようになりました。

そしてちょうどそのとき、たまっていた有給休暇を使って、オランダに住んでいた友達を訪ねたんですよ。すると、オランダ生活があまりに刺激的で面白くて、自分も海外に住みたいと思うようになったんです。

それで現地での仕事を考えてみたとき、たまたま教員免許ももっていたので、「オランダの日本人学校で教師になればいいのかな」と思ったんですね。

ところが、いろいろと調べてみると、日本人学校の先生になるには「日本で2年間以上の教員経験が必要」ということがわかった。

そんな流れもあって、「とりあえず2年間、日本の高校で教員をやろう」と思ったんです。考えてみると、不純な動機ですよね。

でも、実際に日本の高校に行ってみると、考えが百八十度変わりました。生意気な話だけど、「僕がやらなきゃ誰がやるんだ！」と思うようになった。

というのも、生徒たちが、ものすごく「愛」に飢えていると感じたんですよ。

もう少しわかりやすくいえば「人生を生きていくにはこうしなさい」という具体的な指導、アドバイスを欲していると感じたんです。背伸びしてカッコつけてるけど、心の中は不安でたまらないんですよ、高校生って。

そして数学でいえば、「なぜ数学を勉強しないといけないのか」ということについて、どの先生もちゃんと答えていない、伝えようとしていないと感じたんです。

正直な話、先生たちでさえ「入試さえうまく突破できればいい」と考えている人が多かった。

だから当初予定していた2年間が終わったときには、もうオランダなんかに行ってる場合じゃなくなっていました。

いろんなことをみっちり勉強しなおすために、大学院に通ったんです。

そして大学院に通いながら本を書いたり、大手予備校の講師をやったりしていたのですが、やっぱり自分の塾を開こうと。自分が理想とする教育の場をつくろうと思ったんです。

だからね、笑われるかもしれないけど僕の究極の目標、理想は「数学を通じて人生を語る」ということなんです。

受験ほど感動的な体験はない

僕は受験というものについて、肯定的に考えています。

思春期のころ、特に高校や大学の受験勉強に打ち込んでいるころ、みんなの頭の中には「自分の世界」が広がっています。

それは頭でっかちで、独りよがりで、ちょっと生意気で、世間知らずな「自分の世界」です。

そして受験とは、それまで大事に温めてきた「自分の世界」が、初めて「社会」と触れ合う瞬間なのです。

もっとわかりやすくいえば、あなた自身が初めて社会から「承認」される、とてつもなく感動的な瞬間。それが受験なんですよ。

僕自身、浪人も経験しているし、受験では何度も失敗しました。

でも、受験とは負けてもいいものだと思っています。意味のある負けだってある。負けることを恐れて、受験というせっかくの感動体験を放棄することのほうが、もったいないと思います。

もっとも、これは受験が終わってから（あるいは社会に出てから）初めてわかることなので、いまのみなさんには実感がないことでしょう。これからそんな体験ができるみなさんが、羨ましいくらいです。

その感動体験を最高のものとするために、ぜひ全力で受験に臨んでください。大切なのは結果ではなく、自分のベストを出しきれたかどうかなのですから。

鍵本先生へ5つの質問

Q 子どものころなりたかった職業は？

A 高校時代は文学少年でした。それで文章に関わる仕事、特に新聞記者になりたいと思うようになりました。だから当初は大学でも文学部に行こうと考えたんですが、むしろ自分の専門を持ってから新聞記者になったほうが面白いと感じたんですね。それもあって、理系への変更を決意したんですよ。

Q 学生時代の得意科目と苦手科目は？

A 得意科目は数学よりも英語でした。いまでも語学オタクですね。大学ではロシア語を選択して、大学院時代にはフランス語、中国語、スペイン語、いまは韓国語です。苦手だったのは国語と世界史です。国語は、答案の書き方がよくわからなかったんですね。本は好きだけど、あまり点に結びつきませんでした。

Q 感銘を受けた本は？

A 芥川龍之介の作品ですね。彼を通じて短編のすごさというものを知りました。本を読むとき、僕はいつも「この作者に会ったらどんな話をしよう？」と考えるんですよ。これって、読書の面白さを広げる、大事な視点かと思います。『ドラゴン桜』も「作者の三田紀房先生に会ったら、こんなことを聞きたい」と思いながら読むと、また新しい発見があると思いますよ。

Q 進学先の大学を選んだ理由は？

A とにかくお寺が好きだったので、京都に行きたかったんですよ。だから、たぶん東大でも大丈夫だったとは思うけど、京都大学にしました。お寺さんが経営するアパートを見つけて、学生時代はお寺の中のアパートに住んでいたんですよ。

Q 学生時代にやっておけばよかったことは？

A 勉強では化学ですね。これはもっとしっかりやっておけばよかった。せっかく理学部に行ったのに、もったいなかったと思っています。プライベートでは、もっと旅行やアルバイトをしておけばよかったかな？

オススメ！ 鍵本先生の本

計算力を強くする
講談社
定価：800円＋税

計算力を強くする Part2
講談社
定価：800円＋税

3時限目　数学（図形問題）

数学が「見える」ってナンだ⁉

数学に必要な「見える力」と「詰める力」

特別講師　行列のできる塾講師

高濱正伸

たかはま・まさのぶ　1959年、熊本県生まれ。東京大学・同大学院修士課程修了。学力の伸び悩み、人間関係での挫折や引きこもり傾向などの諸問題が、幼児期・児童期の環境と体験に基づいていると確信、1993年、小学校低学年向けの学習教室「花まる学習会」を設立。「思考力」「野外体験」「親の教育」に力を入れている。中学受験・高校受験での指導にも定評があり、算数オリンピック問題作成・決勝解説員等も務める。公立学校支援も続けており、2015年4月より佐賀県武雄市で、日本初の官民一体型公立小学校「武雄花まる学園」2校を始めた。2016年4月現在、5校。

友達同士でパズルゲームや将棋をしているとき、そこに「センス」のようなものを感じたことはないだろうか？　学力や日頃の勉強量とは関係なく、できるヤツはできるし、できないヤツはできないものである。

それが如実に表れるのが、数学の図形問題だ。図形問題では、そこに補助線が見えたり、立体を平面に展開したり、切断面を考えたりするセンスが問われる。そこで「数学には『見える力』と『詰める力』が必要」と語る、算数オリンピック委員会理事の高濱正伸先生に講義してもらった。数学的センスはどうやって磨かれるのか、しっかり耳を傾けてもらいたい。

龍山高校数学教師　柳鉄之介

数学における最大の壁とは?

まず最初に、あえて厳しい現実について話したいと思います。

数学には、ある程度のまじめさがあれば克服できる課題と、逆にどうしても「超えられない壁」としかいいようのない課題とがあります。努力だけではどうにもならない、その人の資質やセンスが大きく絡《から》んでくる課題です。

そして、後者の代表となるのが、図形問題での「補助線が浮かぶ能力」です。

図形問題では、どんな種類の参考書を読んでも、「点Aから垂直に伸びる補助線を引くと……であることがわかる。よって……」といった調子で、立派な解法を見せてくれます。

たしかに、これはわかったつもりになれるものです。正解を教えられると、素直に「そうか、こうなるのか」と思える。

しかし、なぜ「点Aから垂直に伸びる補助線」が浮かぶのか、ということはさっぱりわからないんですね。

はっきりいって、ここがわからなければそのあとの立派な模範解答も意味がありません。図形問題で引っかかっている人は、自力では補助線が浮かんでこないからこそ、苦労しているのです。

それでは、どうして世にあふれる参考書は、補助線が見えるようになるノウハウをレクチャーしてくれないのか？

答えは簡単です。見える人には見える、見えない人には見えないのが、補助線であり、これは「数学的センス」としかいいようのない範疇《はんちゅう》にあるものだからです。

たとえば、方向音痴の人とそうでない人の違いは、もう資質やセンスとしかいいようがありませんし、どんな立派な参考書であっても、方向音痴な人に方向感覚を教えていくのはほとんど不可能でしょう。

あるいは、運動神経も同じです。足が速い子はトレーニングなんかしなくても速いし、そうでない子はどうしても遅い。これもある程度は努力でカバーできたとしても、最後の最後には資質やセンスの問題になってしまいます。

図形問題において補助線が見えるか見えないかという話も、基本的にはこれと同じものだと思ってください。

数学は、まじめにコツコツやっていれば満点がとれる、という単純な科目では決してありません。なにかを丸暗記するものでもないし、流れ作業のようにこなしていくものでもない。

たとえそうやって成績が伸びていったとしても、かならずどこかで「壁」にぶつかってしまうのです。

数学の「見える力」と「詰める力」

いきなり、センスの問題なんかを持ち出されると、「自分には数学的センスなんてないから、一生数学はできないんだ」と絶望的な気分になる人もいるかもしれません。

でも、ここで大切なのは「そういう壁があるんだ」という事実を知り、受け

入れることです。それができてこそ、「じゃあ、どうやって克服していこうか」という対策を考えることができます。

そこでちょっと、視点を変えて考えてみましょう。

僕はいつも、数学には「見える力」と「詰める力」がある、と言っています。数学力と呼ばれるものの正体はこのふたつだ、と。

まず「見える力」とは、まさに図形の補助線が浮かぶような能力のことです。具体的には、次の4つに分けられます。

①図形センス……なにもないところに補助線が浮かぶようなセンス
②空間把握力……立体の見取り図、断面図、投影図、展開図が
イメージできる能力
③試行錯誤力《しこうさくごりょく》……じっと固まらず、手を動かして試行錯誤できる能力
④発見力……既成の枠にとらわれず、大胆な発想ができる能力

一方の「詰める力」とは、ひと言でいえば論理的な思考能力と、最後までや

り遂《と》げる意志や気迫のことです。こちらも、次の4つに分けられます。

①論理力……論理的整合性に敏感で、ひとつも破綻《はたん》のない考え方ができる能力
②要約力……「要するになにを問われているのか」を理解し、的確に答えられる能力
③精読力……一字一句、読み落とさない集中力
④意志力……自力でやり遂げたいという強い気持ち

こうやってピックアップしてみると、数学がどのような能力を鍛える教科なのかわかるのではないでしょうか。

数学（算数）は、「考えることそのもの」を扱う教科です。

そこに出てくる数字なんて、考えるための道具にすぎません。数学の骨格にあるのは徹底した論理であり、「自分の頭をどれだけ働かせることができるか」が問われているのです。そして「論理的に考えるとはどういうことか」を学び、「わからないとはどういうことか」を知り、「それを突破するにはどうす

れぱいいか」を考える。これがもっとも純粋な形で体系化されている学問が数学なんです。

だから、数学が嫌いな人がよく口にする「数学なんて、できなくても社会に出て困らない」というのはとんでもない間違いなんですね。その人がもっている「考える力」を試そうと思えば、必ず数学は必要になるんです。

たとえば、弁護士という仕事に就こうと思ったとき、なによりも大切なのは数学的思考力です。法律の知識なんてものは、大人になってからいくらでも頭に入ります。でも、数学によって鍛えられる思考力は、若いみなさんたちの年齢でしか伸ばすことができないものなのです。

あるいは人間関係においても、たとえば相手の言ってることを理解して、そこに的確な答えを返す。これって要約力や論理性の問題、つまり「数学力」なんですよ。よく、聞かれたことに答えず、自分の言いたいことだけを喋《しゃべ》る人がいますね。ああいう人は、性格的な問題もあるでしょうが、なによりも先に数学力が足りていないのです。

数字こそ使わないけど、わたしたちの日常生活では常に数学的能力が試されているんですね。

予備校の人気講師たちは、このへんの話をしっかりしてくれます。「そもそも数学とは」という問題意識を常に維持しながら、授業を進めてくれる。そうすると数学をやる意味や意義がわかるようになるわけです。

「見える力」を磨くために

いきなりセンスだと言い切ってしまった「見える力」ですが、もちろんこれを伸ばすためのトレーニング法はいろいろとあります。

いちばん身近なものでいうと、パズルですね。

ジグソーパズルのように単純なものではなく、ルールがあり、もっと戦略性や論理性を必要とするもの。そして、できればブロックのように立体のものであると、より効果的になります。

またゲームだと囲碁や将棋が効果的で、特に囲碁は最高だと思います。やや

ハードルが高いイメージもあるでしょうが、ぜひ早い段階でチャレンジしてもらいたい。最近は漫画の影響もあって、中高生の間でも囲碁人気が高まっているようですね。これはじつに頼もしい現象だと思います。

ポイントは「遊びながらやる」、そして「手を使ってやる」ということです。勉強の一環として図形と睨《にら》めっこしていても、見える力は身につきません。遊びながらやるからこそ、脳が活性化されるのだし、ひらめきが降りてくる。そして手を使ってやるからこそ、脳の活性化がより促《うなが》されるのです。

ただし、脳の活性化という側面から考えていくと、パズルや囲碁・将棋よりも、もっと効果的なものがあることがわかります。

それは「外遊び」です。

このあたりを、もう一度整理しながら説明していきましょう。

まず、どういうふうにすれば「見える力」が育っていくかといえば、なによりも「やる気」が問題なんです。これがなければ、話は始まりません。

そしてやる気のある状態、つまり楽しくてたまらないというシチュエーションの中で、どうやって補助線が浮かぶような状態をつくっていくか。

これを突き詰めていくと、外遊びに尽きるように思うんですね。

たとえば、子どもたちが神社で隠れんぼをする。

このとき、子どもたちは神社という空間を、三次元的な空間としてとらえています。

木の上に隠れるのもいいし、軒下《のきした》に隠れてもいい。相手（鬼）からの「死角《しかく》」を探すために、いろんな立体的パターンをイメージして、試行錯誤をくり返す。

しかも教室の机に向かって数学の図形問題をやらされているのとは違い、自分自身が意欲的に楽しみながらやっている。

また、五感をフルに使っているから、脳への刺激も尋常《じんじょう》ではありません。はっきりいって、パズルや脳トレ系ゲームなんかの何倍、何十倍もの効果があります。

つまり、勉強と遊びって地続きにあるものなんですよ。

だから、小学生のころ通知表に「落ち着きがない」と書かれていたような人は、たとえいま数学が苦手でも、今後大きく伸びる可能性があります。

というのも、小学校の3～4年生くらいまでに、どれだけ外で遊んだかというのが空間把握力の素地《そじ》をつくるんですね。

反対に、おとなしくてまじめで、いつも家でじっとしていた子というのは、空間把握力が十分に鍛えられないまま中高生になってしまった可能性がある。

その意味では、都会っ子ってかわいそうだなと思いますよ。

だって、脳がいちばん発達する幼児期から小学校時代にかけて、ほとんど外遊びをしていないわけでしょう。空き地や自然が少ないし、治安の問題もあって、なかなか毎日陽《ひ》が沈むまで外で遊びまわるなんて経験ができない。

地方に住んでいる受験生たちは、大きな有名塾もなく、都会の受験生を羨《うらや》む気持ちもあるでしょう。

でも、その代わりに外遊びというとてつもなく重要な経験を手に入れている、ということを忘れないでほしいですね。数学脳のベースとなる部分は、間違いなく地方の子のほうが発達していると思います。

「詰める力」を伸ばすには

資質やセンスといった問題が大きく関わってくる「見える力」と違い、「詰める力」は努力次第でかなり伸ばすことができます。

そして「詰める力」というのは、究極的には気迫とか、徹底した意識改革とか、精神面の話になるんですよ。

たとえば、特別大きな塾もないような田舎から東大に合格するような子というのは、自分の力で着実に「意味のある勉強」をやっています。

これに対して、都会で中途半端《ちゅうとはんぱ》に塾通いしているだけの子は「意味のない勉強」しかしていません。

意味のない勉強というのは、とりあえず先生からこれがいい、あれがいい、と問題を与えられて、それを漫然と解いていくだけ、という勉強法です。

特に問題なのが、「できなかった問題」についてなにもフォローすることなく、そのまま通り過ぎていってしまうことです。

模試にしても、間違った問題について「なぜ間違ったのか」や「どの時点で間違ったのか」を考えようとしない。ただB判定とかD判定とか、そんな数字だけに一喜一憂《いっきいちゆう》する。

そうすると、模試で間違ったのと同じような問題が入試で出たときに、やはり同じように失敗してしまうんです。

だから、間違った問題についての復習システムをちゃんと身につけていけば、学力は目に見えて向上しますね。

勉強のポイントは「できなかったことを、できるようにする」ことです。

学校でも、たとえば今月は方程式をやって、来月は関数で、といった感じでどんどん先に進んでいきますよね。そうすると「方程式でできなかったこと」は、そのまま置き去りにされてしまうんです。これでは学力なんてつくはずもありませんよね。

勉強は自分のペースでいい。とにかく「できなかったこと」を徹底してやる。できるようになるまでやりつくす。足は遅そうに見えるかもしれないけど、これがいちばん確実な近道なんです。

そして、「できなかったこと」をやり抜く意志力が、結局は「詰める力」を養っていくのです。

「できなかったこと」を復習するノート術

もっとも、ただ「できなかったこと」を解きなおすだけではいけません。

そこで、これからは「できなかった問題」について、こんなノートをつくってみてください（左ページ参照）。ノートを構成する要素は次の4つです。

①問題……できなかった問題はどんな問題か
②解答……正しい解答はどんなものか
③できなかった理由……なぜ自分はこの問題ができなかったのか
④この問題のポイント……この問題のポイントはどこか。今後の教訓はなにか

この基本形をベースに、マーカーで色分けしたり、定規で線を引いて区切ったり、自分なりのノートをつくってみてください。最初はうまくいかなくても

「できなかったこと」の復習ノート

ノートの取り方

ルーズリーフA4・30穴がおすすめ

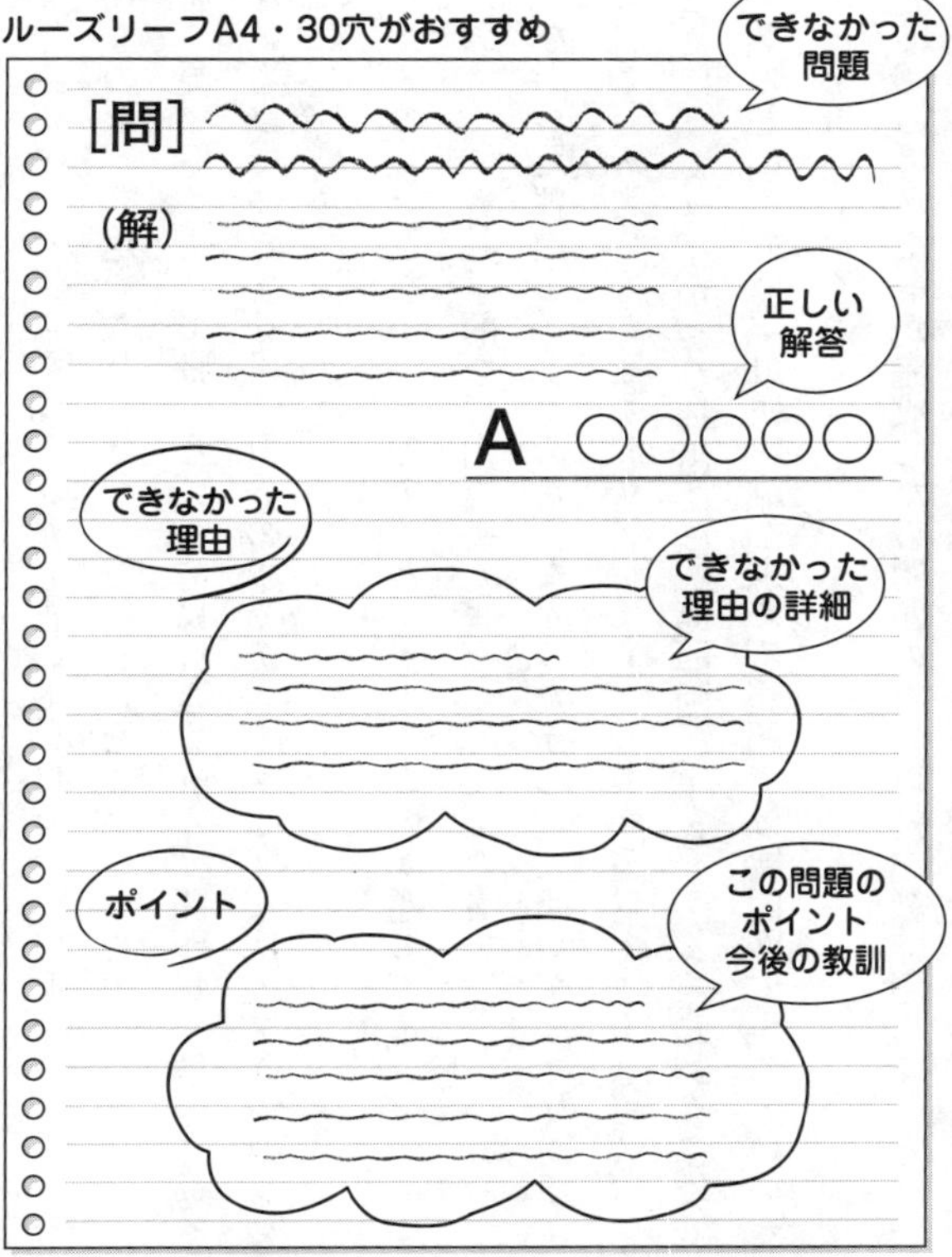

ノートに「問題」「解答」「できなかった理由」「この問題のポイント」の４つを書いていく。特に自分ができなかった理由を考え、そこから次回の教訓を導き出すことが重要！

かまいません。特に、「できなかった理由」と「この問題のポイント」については、先生にアドバイスを仰ぎながら書いていけばいいでしょう。

大切なのは、問題をやりっぱなしで終わらせないことです。

黒板を見て写すだけでは、なにも身につきません。問題集を解いていくだけでもなにも身につきません。自分の中でチェックして、次のアクションにつなげていくことが重要なのです。

また、③の「できなかった理由」と、④の「この問題のポイント」ですが、これはあくまでも数学的な理由を書くようにしてください。

できなかった理由を「よくわからなかったから」と書いて、ポイントで「次はがんばる」みたいなことを書いていても、なんの意味もありません。

たとえば、できなかった理由には「展開図にするという発想がなかった」、ポイントのところでは「最短距離を求める問題では展開図にするといい」といったことを書いていくのです。

そして、このノートが完成したら問題の部分以外を紙で隠して、もう一度やってみる。何度も何度もトライする。そういう徹底した復習をこなしていく中

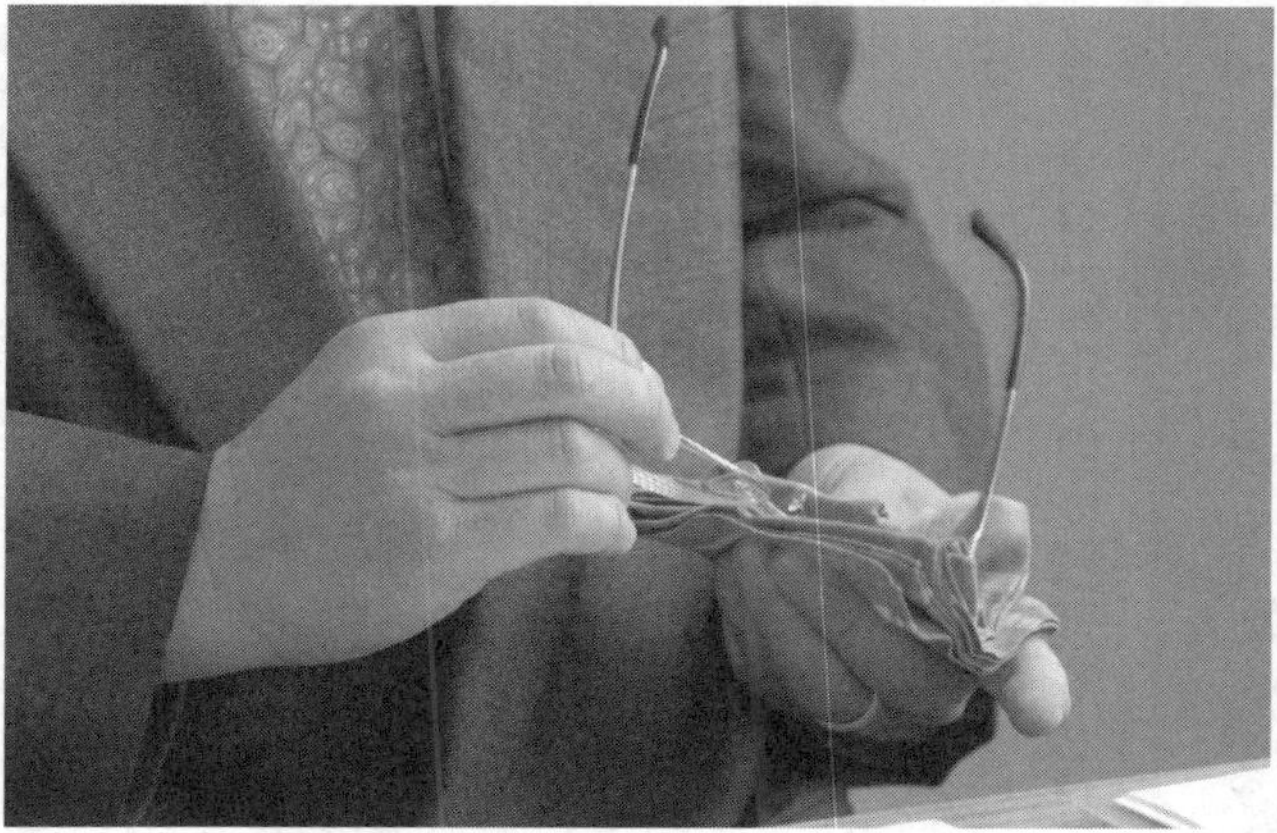

で「なぜわからないのか？」という「わからない理由」が明らかになっていきます。そして「できなかったこと」は「できること」に変わっていきます。

ちなみに、こうしたセルフチェックの習慣は、数学だけに役立つものではありません。

たとえば社会に出て、営業なら営業で新規のプロジェクトに臨《のぞ》むときも、まずは計画を立て、それを実行し、実行した結果をチェックして改善すべき点などを洗い出し、再び次のアクションにつなげていく。

ビジネスの世界では、これを「ＰＤＣＡサイクル」といいます。

「プラン（Plan）→ドゥ（Do）→チェック（Check）→アクション（Action）」というサイクルです。

ノートは一気に写す習慣をつける

僕が「見て写し病」と呼んでいるものがあります。

できない子というのは、とにかく授業中に黒板を見ては写し、見ては写し、見ては写し、を延々とくり返すんです。

もう、黒板を写すことが目的になっているんですね。いかにもまじめに授業を受けているように見えるし、本人もなんとなく勉強したつもりになるのでしょう。でも、こんな作業をくり返してもひとつも理解できません。

そうじゃなくって、たとえば先生が黒板に書いた答えでも、それは一気に書き取っていかないといけないんですよ。ちょこちょこ顔を上げながら写しているようでは、絶対に頭に入らない。黒板を見て、先生の解説を聞いて、しっかりと頭に入れて納得してから、「一気に」書き取るんです。

そして一気に書けるようにならないと、その問題を理解し、学んだことにはなりません。見ては写し、をくり返しているのは、なにも理解できていないという証拠ですからね。

実際、数学が得意な人はほとんど例外なく問題を一気に解いてしまいます。

数学って、できる人にとっては「問題の中にちゃんと答えが書いてあるのに、なぜわからないの？」という世界なんです。「あとは作業するだけじゃ

す。

ん」というね。

だから彼ら「見える人」たちは、答えを一気に書いていくことができるのです。

数学が嫌いな人なんていない？

数学が嫌いな子どもたちはたくさんいるのですが、僕は「本来、人間が数学を嫌いなわけがない」という信念を持っているんです。

そんなバカな、と思うかもしれませんね。

たとえば、赤ちゃんは手に取ったものをなんでも口に入れます。幼児期になってからも、隙間《すきま》があれば指を入れるし、フタがしてあれば開けて中を確認する。これって、ものすごくピュアな好奇心ですよね。

そして、こうしたピュアな好奇心の延長線上に、数学があるんです。

だから、好奇心を満たすという意味では、数学って必ず面白いようにできているんですよ。ほとんどの問題は数字を使ったなぞなぞやクイズなわけだし、たとえば整数問題というのは数字を使った知恵の輪みたいなものです。

よく数学の面白さはなにかと聞かれるのですが、数学の醍醐味《だいごみ》は計算の速さなどではありません。

全能力を傾けて考えているときの、張り詰めた緊張感。意外なところから「隠された道」を発見したときの喜び。次々と道をつないでいくときのスリルや興奮。そして解ききったときの達成感。

これが数学の醍醐味なんです。どんな立派なテレビゲームも、数学がもつスリルや興奮、達成感には敵《かな》いません。

でも、親御《おやご》さんや学校教育システム、それから受験制度などがピュアな好奇心を否定して、数学を嫌いにさせてしまうんですね。その意味でいうと、嫌いになったのではなく、嫌いにさせられてしまった、というのが正しい認識だと思います。

そして、嫌いにさせられる最大の原因は、言葉です。

たとえば、「どうしてこんなこともわからないの」「ほかのみんなはできてるんだぞ」という小さな言葉。

べつに、いますぐわからなくてもいいし、何度間違えたっていい。大切なのは好奇心をもって楽しみながら何度も取り組むことなのに、大人たちはすぐにこんな言葉を投げかけてしまいます。

そうすると、好奇心だって失《う》せるし、心の扉をバタンッと閉めてしまう。また怒られるんじゃないかと臆病《おくびょう》になって、数学を遠ざけるようになる。

これは引きこもりとか不登校の研究でも同じなんですけど、心の問題を解決しようとするとき、最終的に行き着くのは「もともとあったはずのピュアな好奇心を取り戻す」ということなんですね。

もともとあったはずなのだから、不可能ではないはずです。

ここで少し、僕自身の話をしましょう。

僕はもともと、数学だけが苦手な生徒だったんですよ。ほかの科目はできるんだけど、とにかく数学だけがダメだった。

というのも、中学時代の数学の先生が、強制型で面白みのない先生だったんですね。それで、こっちとしても「じゃあ点数だけとればいいんでしょ」という態度で臨むようになったんです。数学の本質から離れて、小手先だけでごまかすような勉強をして点数を稼いでいくようになりました。

それで高校に入ると、数学の点数がどんどん落ちていって、ほんとうに下から数えて何番目、みたいな状態になったんです。

結局大学受験でも浪人して、浪人中も悪い仲間とつるんで街を練り歩くような状態。でも一浪、二浪、三浪としていくと友達すら全部いなくなってしまって、そこでようやく「ゼロからやり直そう」と決意したんですね。もう中学の教科書から読み直して、ほんとうにゼロから積み上げていったんですよ。

そうやって、自分ができなかった理由を掘り下げてみると、どこかしら論理的な階段を踏み外していたり、あるいは補助線が見えていなかったり、そういう数学のワナがどんどん見えてくるんです。

たとえば論理的なステップも、じっくり考えればわかるはずなのに、考えることに疲れて「もうこっちでいいや」とか「これかな？」と決めつけている。間違った問題というのは、どこかで必ずそういうステップを踏んでしまってるんですよ。

そのあたりのカラクリがわかってくると、「自分はなにがわかっていないのか?」を突きとめ、クリアしていくことに夢中になりました。そして4月に30台だった偏差値は、秋には60台に上がっていました。いまでは、こんなに面白い学問はないと胸を張って断言できますね。

みなさんにしても、同じこと。数学への好奇心を取り戻したいと思えば、いまからでも決して遅くはないのです。

数学力と国語力の関係

計算問題はできるけど、文章題ができないという人は、数学力だけでなく国語力という観点から考えてみるべきかと思います。

もちろん、数学の文章題では文学作品のような難しい文章が出るわけではありません。しかし、試験問題、特に文章題というのは、「出題者との対話」なんですね。文章題が苦手というのは、出題者とうまく対話できていない、ということなのです。

相手がなにを問うているのかがわからない。いろいろ書いてある中で、「要するになにを求められているのか」が見極められない。だからこそ、問題が解けなかったり、とんちんかんな解答を返してしまうのです。

そうではなく、文章題が出たときには出題者との対話が成り立つように、解を進めていくようにしましょう。

このあたりは「詰める力」の中の「要約力」になります。

また、文章題でよくあるのが読み落としです。

たとえば、問題文に「両側に」という一文があるのに、それを読み落として最後に答えを2倍するのを忘れてしまう。もっとひどいときには、鉛筆の本数を求める問題なのに、答えが分数や小数、負の整数になってしまう。

これも国語力の問題なのでしょうか？

いや、これは国語力というよりも、それ以前の「集中力」の問題です。

集中力が散漫《さんまん》だから、精読できない。読み落としてしまう。精読力のない子は、だらだら読むことが「読む」だと思っています。そのため、親や教師がど

んなに「しっかり読みなさい」と注意しても「ちゃんと読んでるよ」としか感じません。

文章題が出たら、まずは出題者をイメージする。そこで出題者がなにを聞いているのか、どんな答えを求めているのか、考える。その文章を「集中して精読」しながら、とことん考える。そして、出題者と対話するような気持ちで、解を進めていく。

そうすれば、文章題はきわめてエレガントな形で解いていくことができます。

それから大事なことをもうひとつ。数学の優れた問題では、とりあえず「試す」ことが求められるんですね。

出題者は、生徒たちが問題を読んだとき、まずは「なに言ってんだ、これ？」「そんなはずないだろ？」みたいな感じで戸惑《とまど》わせてきます。

そこで、こちらにできることといえば、とりあえず手を動かすこと。

与えられた条件の中で、試行錯誤をしてみる。

そうやって試していく中で「あ、そうか」というヒントが見えてくる。

ゴールまでの道筋がバババッと目の前に広がる。

あとは、間違いなくひとつずつそれを詰めていく。

ここで大切なのは、手を動かすというファーストステップです。

手を動かさず、「うっ」と固まってしまうと、もうその問題は解けなくなってしまいます。手が止まっているとき、大抵《たいてい》は頭も止まって真っ白になってしまうんですね。

だから、絶対に固まっちゃダメなんです。腕組みして熟考というのもよくない、とりあえず手を動かしてみることです。

現実の厳しさを知ること

いまの社会、あるいは現在の教育現場で、いちばん足りないのは「世の中って甘くないんだぞ」という強いメッセージだと思うんです。

少しでもトラブルがあれば、ものすごく過保護な対応をとってしまう。これは親も教師もそうです。

でも、大人になって会社に入れば、イジメもあれば、ノルマもある。ノルマが達成できなければペナルティだって待っているし、リストラさえある。人間関係にしても、社会に出た途端《とたん》、自分の親くらいの年齢の人たちとも付き合っていかないといけない。

だから、ほんとうの教育というのは、そういう厳しい社会に出ても食っていけるだけの人間を育てることだと思うんですよ。

僕は『ドラゴン桜』について、塾の子どもたちを通じて知ったのですが、子どもたちにこういう話をしていると「『ドラゴン桜』の桜木も先生と同じことを言ってたよ」と言われることがあります。

やはり、この漫画がヒットした理由は、ただ勉強法を教えるだけではなく、そういった世の中の厳しさを教える強烈なメッセージが込められていたからではないでしょうか。

そういう意味でいうと、大学入試っていうのは、初めて「世の中は厳しい」という現実に直面する大チャンスだと思うんです。

たった1点差で、居場所さえ奪われてしまう。オマケもお情《なさ》けも通用しない、真の実力主義が貫《つらぬ》かれた世界ですからね。

受験とは、みなさんを「一人前の大人」にしてくれる大きなチャンスなのです。

高濱先生へ 5 つの質問

Q 子どものころなりたかった職業は？

A 父が医者をやっていましたので、そのまま医者だと考えていました。親戚中から「おまえが跡を継ぐんだろう」と言われていましたしね。

Q 高校生のころなりたかった職業は？

A これはもう、ミュージシャンです。ジャズもクラシックも好きですけど、やっぱりロックバンドで。いまも親父バンドみたいなことをやっていますが、特に曲作りが大好きで、これには密かな自信があるんですよ。

Q どんな子どもでしたか？

A 自信のない気弱な子どもでした。ところが小3のとき、算数のテストでちょっと難しい図形問題があったんですね。そして先生がテストを返すときに「これができたの、高濱君だけだったよ」とみんなの前で言ってくれたんです。そのひと言で劇的に変わりましたね。いまになってわかることなんですが、教育ってほめることが大事なんじゃなくて、その子をよく見て「伸びたところをほめる」ことが大事なんですよ。

Q 感銘を受けた本は？

A 数学の面白さを教えてくれる本といえば、吉田武さんの『オイラーの贈物』（筑摩書房）です。数学者の間では有名な「オイラーの公式」という公式を何百ページにわたって徹底的に解き明かしていく、めまいがするほど美しい一冊です。かなり濃密な内容ですが、意欲のある中高生ならいい副読本になるはずです。

Q 高濱先生にとって大学とは？

A 大学って、先生がなにを教えてくれるとかいうより、「自分」をつくりあげる最終段階の場所じゃないかと思うんですよ。それって基本的には自分自身との格闘なんですね。だから、自分と格闘するためのいい時間稼ぎができたとは思います。また、互いに高め合えるような刺激的な仲間を見つけられたこともよかったですね。

オススメ！ 高濱先生の本

小3までに育てたい算数脳
健康ジャーナル社
定価：1500円＋税

本当に頭がいい子の育て方
ダイヤモンド社
定価：1500円＋税

【花まる学習会】 http://www.hanamarugroup.jp/

4時限目 英語

考える前に、感じてみよう!

英語の「感じ」をキャッチする

特別講師　「感じる英語」の提唱者

大西泰斗

おおにし・ひろと　1961年生まれ。筑波大学大学院文芸言語研究科博士課程修了。1996～97年にオックスフォード大学言語研究所客員研究員となり、現在、東洋学園大学教授。ネイティブの持っているイメージを重視した画期的な英語入門書『ネイティブスピーカー』シリーズ（研究社刊、ポール・マクベイとの共著）で大きな支持を得る。NHK教育「ハートで感じる英文法」講師としても活躍。

英語が話せたらカッコイイ。これは誰もが思うことだ。

でも、英語をマスターすることは難しい。これも誰もが思うことだろう。

英単語にしろ英文法にしろ、覚えることは覚えられる。しかしなによりも問題なのは、それを本番（試験や海外旅行）で「使えない」ことだ。

そこで今回、規則を覚えるのではなく、「感じる」ことの大切さを提唱する、大西泰斗先生に講義してもらった。覚える英語から、感じる英語へ。考える英語から、イメージする英語へ。それこそが、ネイティブスピーカーの英語なのである。

龍山高校英語教師　川口洋

どうして英語が使えないのか

僕が『ネイティブスピーカーの英文法』（研究社）という本を書いて、英語教育分野で仕事を始めたのは、短大で英語を教え始めた時期と重なっています。

ここは英語に特化した学校で、学生は高校レベルの英文法はほとんどわかっているし、大学受験もくぐり抜けてきた。普通に考えれば、基本的な読み書き程度のことは問題がないはずの学生たちです。だけど実際には、英語が使えない。英字新聞すら読めないし、ネイティブとの会話もたどたどしい。

だけど、これはウチの短大だけじゃない。中学校3年間・高校3年間・大学受験を経ても、使える英語が身についていない。こうした多大な時間と労力の浪費はいったいなんなのか。その当時の研究分野、形式意味論を捨てて英語教育に入っていったのは、こうした不合理への憤《いきどお》りが原動力になっていたような気がします。

「どうして英語が使えないのか」。これって突き詰めると、「英語観」の問題なんですよ。多くの中学校・高校で行われている英語――特に英文法――の勉強は、メカニカルな規則を積み上げることに重点を置いている。機械信仰に貫《つらぬ》かれている。「現在完了の4用法」とか「***to***不定詞の名詞的・形容詞的・副詞的用法」とかね。言葉を単純な機械として捉《とら》えるという思想。だけどね、言葉は機械じゃない。当たり前のことなんだよ、英語が口から出てこないのは。

英語を使うためには、英語を使うネイティブの気持ちに「同期」しなくちゃだめだ。規則の集積を感覚に置き換える、そんな講義を続けた結果が『ネイティブスピーカー』のシリーズに育っていきました。ま、ほんとうはさ、授業で人数分コピーするのが経済的にキツくなったから本にしただけなんだけどね。

ホントの「英語」との出会い

僕も受験生時代は、どこにでもいる普通の受験生だったんですよ。ネイティブの英語に触れたこともなく、ただただまじめに単語と英文法をマスターするだけのね。自然、僕にとっての英語は「日本語訳」と、理由も説明されず覚えたメカニカルな「規則」で固まっていたわけ。それでいいと思っていたんだよ。テストで苦労することもなかったし。

そうした、あまり役に立たない英語観が壊れたのは、大学に入ってから。生活のためのアルバイトと言語学との出会い、これで壊れた。徹底的に壊れた。

まず、ホテルで夜勤のバイトを始めたんですよ。そのホテルというのは、開発途上国から日本に研修にやってきた方々を宿泊させ、お世話をするという、ちょっと変わったホテル。お客さんは当然日本語なんて話せないから、英語が「公用語」になるわけです。ただそれは「まともな」英語じゃない——ほとんどネイティブはいないわけだから。それこそ知っている単語を並べるだけの、「気合と根性」の英語が飛び交っているんですよ。

だけどね、驚くべきことにそんな英語でも、微《び》に入り細《さい》をうがつ英文法をマスターしたはずの僕なんかよりも、むしろはるかに上手にイキイキとコミュニケーションできる。英語を使ううえで重要なのは「正しさ」じゃない。規則に準拠しているかどうかより、はるかに大切なことがある。それに気がついたとき、受験英語の呪縛から解き放たれたような気がしました。

そして、大学での専攻は言語学。英語を通じて言葉の一般理論を研究するというのがこの分野なんだけど、いろいろな研究データや詳細な分析を眺めていると、自分が中学・高校で学んできた「英文法規則集」というものがどれほど不完全なものかがわかってくる。市販の参考書にはいろんな「規則」が書いてあるけど、じつは例外だらけだってことがわかってくる。「英語の文には必ず主語があり……」「ははは。主語がない文だってよくあるんだけど」。「普遍の真理は時制の一致を受けない……」「ふーん。平気で時制の一致を受けるんだけど」。……つまりね、言葉というのは簡単な、スッキリした規則でまとまるような、ヤワな相手じゃないことがわかってくるんですよ。

それではどうするか。どんな文法にならなければいけないか。「気合と根性」になにを積み上げればネイティブの英語になるのか。その答えが「気持ち」であり「感覚」だったんです。

英語は「並べる言葉」。パターンに感覚が通っている

英語にはね、どこにでも「感覚」が転がっているんです。至るところ感覚だらけ。機械的にできていることなんて、なにもない。規則で「決まっている」ことなんてありはしないんです。どんな表現にもどんな単語にも感覚があるけど、もっとも大切な感覚、英語を勉強するうえでどうしても不可欠な感覚といったら、それは「並べていく」感覚でしょう。表現を配置して文を作る感覚です。ここが日本語といちばん大きく違う部分ですから。

たとえば、***I gave Mary a present.*** という文で考えてみましょうか。もちろん意味は「メアリーにプレゼントをあげた」ってことですが、位置を変えて ***I gave a present Mary.*** となると、もうまったく意味が通じない（プレゼントにメアリーをあげることになっちゃうからね）。英語というのは「位置の言葉」なんです。表現を「どこに置くか」がとっても重要な言葉なんですよ。

その点、日本語は位置が比較的フリーな言葉。

日本語には「てにをは」、つまり助詞のシステムがありますよね。「メアリーに」「プレゼントを」とつけることによって、文のなかでその単語がどういった働きをしているのかがクッキリと示される。だから位置をいくら入れ替えても意味は通じる——「私はメアリーにプレゼントをあげた」でも「プレゼントをメアリーに私はあげた」でも。ここが、英語と日本語が決定的に違う点なんです。

位置と意味が密接に結びついている英語を上手に使いこなすためには、英語文のもつ基本的なバリエーション（パターン）を知らなくてはなりません。どう並べるとどんな意味になるか、それが体にしみこんでいないと、英語を自由に話すことはできません。学校で習う、みなさんよくご存じの「5文型」は、そうした試みのひとつです。

だけどね、この5文型、そのまんま丸暗記してもなんの役にも立ちません。「英語の文型にはSV、SVO、SVC、SVOO、SVOCがある」、そんな知識じゃ英語力は育たない。感覚と結びついていないと。それぞれのパターンがもつ、感覚を身につける必要があるんですよ。

たとえばさっき取り上げた***give***。この動詞が***Mary*** ***a present***と、ふたつのカタマリを取るのは偶然ではありません。SVOO、つまり「動詞＋□1＋□2」というパターンは、「□1に□2を手渡す」という感覚とガッチリ結びついているんです。このパターンで動詞が使われれば、いつだって「手渡す」意味になる。***find him a good job***（彼にいい仕事を見つけてあげる）、***buy him a T-shirt***（彼にTシャツを買ってあげる）、***teach him French***（彼にフランス語を教えてあげる）、ほら、どんな文にも「手渡す」感触が生きている。「与える」という意味をもつ***give***がこのパターンを取るのは、なんの不思議もない当たり前のことなんですよ。

もちろん「5文型」は、英語文のパターンすべてを網羅しているわけじゃない。それほどしっかりした理屈があって「5文型」といわれているわけではないんです。ほかにも重要なパターンはいくつかあります。

たとえば、***There are some great new movies out.***（すごい新作映画、やってるよ）の文。5文型に分類することは難しいけど、この***there***文はとっても独特な感触と結びついている。それは「今まで話題にのぼっていなかったものを、ひゅーっと引き込んでくる感触」。だから*Once upon a time there was a handsome prince called Henry.*（昔々ヘンリーというハンサムな王子さまがいました）なんて、昔話の冒頭によく出てくる文章です。ほら、物語の冒頭にはまだ誰も出てきてはいないでしょう。そこに登場人物を「ひゅーっと引き込んでくる」から*there*文が使われているんですよ。逆に*There is the man / he in the park.* なんてことはいえません。*the man*も*he*もすでに話題に登場してるときの表現。登場してるからこそ「その人はね（*the man*）」「彼はね（*he*）」といえるわけですからね。ほら、パターンと感覚、ガッチリ結びついているでしょう？

もうひとつ、5文型には出てこないけど、重要なパターンを出しましょうか。

Many people think that Shakespeare was not a real person.

（多くはシェークスピアが実在していなかったと思っている）

この、動詞に「（*that*）文」が後続するパターンには「動詞の内容を開いて説明してあげる感触」が結びついています。*Many people think*の内容を「なにを思っているのかというとね……」と、*that*以下がその内容を展開している感

じ。

John promised me that … ならジョンが約束した内容、***John told me that …*** ならジョンが私に伝えた内容、***John said that …*** ならジョンが言った内容。ほら、このパターンはすべて「開いて説明してあげる感触」に集まってくる。

英語文には無限のバリエーションがあるわけではありません。目もくらむような多くのパターンがあるわけでもありません。ごくごく少数の、強固なパターンがあって、ネイティブはそこに無意識のうちに表現を当てはめながら文を作っているのです。

まずはベーシックなパターンを体に取り込む。その感覚をキッチリつかむ。それが使える英語への、すぐできるもっとも簡単な第一歩なんですよ。

英語が苦手な原因は？

英語が苦手だという人はたくさんいます。

だけどね、みんなそんなに厄介《やっかい》な問題を抱えているわけじゃない。基本的には「単語力」がない。表現力がない。英語への苦手意識のほとんどはそこからきているはずです。だって、英文を読んだとき3語おきにわからない単語があれば、胸を張って「英語が得意です」とは言えないでしょう？　もし十分な単語数があれば、よくかたちのわからない文があったとしても、内容ぐらいはなんとなくつかめるはずです。同じ人間の言葉だもの。単語の拾い読みでもある程度は意味が通じる。

もしみなさんが英語に苦手意識をもっていたとしたら、そしてもしそれが単語力に起因しているのなら、処方箋《しょほうせん》は簡単だよ。――単語を覚えればいい。

世の中には「日常会話は、1000語ぐらい基本単語を覚えていれば大丈夫」なんて夢みたいな話も転がってる。だけどね、耳を貸さないことだ。1000の単語でも自分の言いたいことは多少言えるのかもしれない。だけどそれで相手の言い分は果たして理解できるんだろうか？　できるわけがない。相手は1万語で話しているんだから。僕だって、相手のボキャブラリーが1000語しかないなら話をするのはゴメンだよ。

大学受験レベルなら最低5000語ぐらいはほしい。もし3000語なら、おそらくなにを読んでもわからない単語だらけでしょう。3000語に収まるような簡単な話はおとぎ話だけだよ。だから最初の5000は歯をくいしばってでも覚える。最初は綴《つづ》りがあやしくたっていい。自分で使いこなせなくてもいい。だけど「見れば意味がわかる」、そういう単語を少なくとも5000語は仕上げてほしい。大学受験用の単語集を2〜3冊キッチリ仕上げれば、そこまではいくんだから。

じつはね、5000語も単語が頭に入っていると、それから先は少し楽になるんだよ。覚えるスピードや労力がどんどん違ってくる。車だっていちばん力が要るのはスタート時点。あとは少しの力でドンドン効率的にスピードがのってくる、それと同じです。単語の場合は類推が効くようになるから。

たとえば、小説で ***millipede*** というまったく知らない単語に出会ったとしようか。

前後の文脈から、なんとなく「虫」であることがわかっているんだけど、なんの虫だかわからない。このとき1000語しか単語を知らなかったら辞書に直行だよね。だけど５０００語の人はちがう。***millilitre***（ミリリットル）も***millennium***（千年、千年紀）もすでに頭の中にあるから、なんとなくその姿がイメージできるはず——そう、足がうじゃうじゃしている虫。「ヤスデ」のことなんだなってわかるんですよ。同じ小説に***centipede***（ムカデ）が出てきたって、***century***（百年、世紀）から想像がつくはず。ま、そんな小説、誰も読みたくはないだろうけどさ。

僕は吝嗇家《りんしょくか》が嫌いです。「吝嗇家」とは、ケチな人のこと。この場合でいうと、有り余る時間・能力がありながら、出し惜しみする人。英語で話したいのに、英語をどうしても得意科目にしたいのに、英語を使って将来、世界に打って出たいのに、単語すら覚えようとしない。中学校の教科書に載っている重要単語だけで満足してたら、いつまでたっても英語は苦手なままだよ。「重要単語」だの「頻出《ひんしゅつ》」だの「よく出る」だの「これでバッチリ」だのなんて、ケチくさいことは全部忘れてどんどん覚える、とにかく覚える。歯を食いしばって覚える。１万語覚えてごらん、なにもかもが違って見える。ＢＢＣ

の番組だって理解できるようになるんだ。がんばってごらんよ。

表現の感覚を深く知る

さて、英語文のパターンは頭に入った。見ればわかる単語もたーくさん増えた。

そうしたら英語の勉強もいよいよ本格的になってくる。使える英語が手元にやってくる。ここでさらにプラスすべきこと、それは重要表現のネイティブ感覚です。

中学校のときに習った「**to**不定詞」って、覚えてるかな？

そう、「**to**不定詞には名詞的用法・副詞的用法・形容詞的用法の3つがあり、副詞的用法は目的・結果・原因・判断の理由などをあらわす」というやつ。さて、問題です。

to不定詞は、ほんとうにそんなふうにできているのでしょうか？

ネイティブは ***to*** 不定詞をそんなふうに理解しているのでしょうか？

ははは。とんでもありません。

たとえば、ロンドンで玄関先を掃除しているおばちゃんに、「ねえ、いまちょうど学校で ***to*** 不定詞っていうのをやっているんだけどさ。ほら、***to buy a camera*** みたいなやつ。いろんな使い方があって難しいよね。どうやって勉強したの？　覚えたの？　丸暗記したの？」って尋ねてごらん。「へっ!?」って顔されるから。

だって、（語学教師でもないかぎり）ネイティブにとって ***to*** は ***to***。***to*** 不定詞も前置詞の ***to*** も同じ、ただの ***to*** なんだもの。

僕たちはあまりにも長く、規則だらけの英語に首までどっぷりと浸かってきたんだよ。

「英語は難しいものだ」「複雑なものだ」、そんなふうに考えたら「***to*** 不定詞には3つの用法がある」という話だって不思議に思わなくなるのかもしれない。そして、何百ページもある文法書を熟読しないと英語が話せないと思えてしまうのかもしれない。

だけどね、常識を働かそうよ。

言葉がそんなに複雑なはずがないじゃん。

もちろん、言葉は豊かで繊細《せんさい》だよ。だけど、箇条書きで丸暗記しなければならないような、そんな得体の知れない複雑さをもっているわけがないじゃないか。「言葉はリーズナブルにできている」んだよ。

感覚さえキチンとつかんだらあとは自由に使いこなせる、そーゆーふうにできている。そうじゃなければ、誰も英語を使えやしないよね？

「言葉はリーズナブルにできている」、理不尽な規則なんてない。これがネイティブの感覚を身につけるためのスタート。その視点から本当の英語の姿が見えてくる。

ちなみに ***to*** 不定詞は、「なんとか用法」なんて知らなくてもその感覚をつかまえればネイティブと同じように使いこなすことができます。その感覚はね、「足りないところを（指して）おぎなう」。よし、***to*** 不定詞の文をちょっと並べてみようか。

A ***I went to the shop to buy a laptop computer.***
ラップトップ（ノートパソコン）を買いに店に行った。
B ***I was delighted to know that you passed the exam.***
君が試験に合格したと知ってとてもうれしかったよ。
C ***She grew up to be a beautiful young lady.***
彼女はうつくしい女性に育ちました。
D ***She is the first woman to go to the moon.***
彼女は月に行った最初の女性です。
E ***Could you tell me how to get to the station?***
駅にどうやって行くのか教えてくれませんか。

いいかい、「なんとか用法」を全部忘れて落ち着いて見てごらん。共通点が見えてくるよね。
うん、どの文も「***to***不定詞の前までは不十分」なんだよ。Aの場合だと「私は店に行きました」だけでは不十分。こんなこと言われたら相手は当然

「なにをしにそんなとこ行ったの?」って思うはずだよね。そこを先回りして「おぎなっている」のが**to**不定詞。だから「買うために」という目的の意味が了解される。Bだって「とってもうれしかったんだ」。ほらほら、相手は「どうして?」って原因を知りたがるはずだよ。そこを**to**が埋める。Cは「彼女は育ちました」。ははは、これじゃまったく意味が通じない。育って「なになったか」が重要なんだよね。だから**to**。

すべて同じタイミング、同じ使い方。日本語訳はいろいろ変わるけど、それは**to**までになにが欠けてるかによっておぎない方が変わるからにすぎません。

ここまで理解できればDやEも楽勝だよね。***first woman***と言われても「なにをした最初の女性なのか」がわからない。だから**to**。「やり方教えて?」と言われても「なにをするやり方なのか」が欠けている。そこで**to**。

全部同じ感覚で貫かれている、それがネイティブのリーズナブルな感覚なんだよ。

えっ?「おぎなうっていうのはわかるけど、なんで**to**を使うのか」ですか? ははは、それは「指している」からだよ。**to**は「指す」前置詞。

たとえば、***I went to the park.***（公園に行きました）という文は「私が行ったのはね、公園」といって、公園を「指す」感覚で使われているよね。***to*** 不定詞だって同じこと。欠けている内容を「これ！」と指し示してあげる感触をもっているんですよ。だからイギリスのおばちゃんは不思議に思わないんだよ。***to*** 不定詞を取りたてて意識したりはしないんだ。***to*** は ***to***。なにも特別なことなんてありはしないんだ。

いいかい、何度もくり返すよ。英語は「リーズナブルにできている」。それが入り口。それさえしっかりと信じていれば、英語を合理的に理解できる。たしかに、英語には複雑に「見える」表現がある。いろんな意味をもっているように「見える」単語がたくさんある。だけど、じつは複雑じゃない。核になる感覚さえつかめば、絡《から》みあった糸がほぐれるように、すべてが一瞬でほぐれてくるんだ。

複雑な規則に頭を悩ませる前に、少しだけ考えるクセをつけてごらん。それで英語がグッと手元に近づいてくるから。

教科書を飛び出せ

英語を将来に生かす。もし、みなさんがそんな希望をもっているとしたら、どうしてもすぐに始めてほしいことがあります。それは英語で読書すること。難しい本を読めってことじゃないんだ。最初のうちは童話でもいいし、なんとかポッターとかでもいい。教科書以外の、「ネイティブがネイティブに向けて書いたもの」を読む習慣をつけてほしいんです。

教科書の英語は確かによくできた、精選された英文が並んではいるけれど、概してあんまり面白くない。そりゃそうだよ、文法事項やら必修単語やら、盛り込まなくちゃいけない内容にどうしてもしばられるからね。なによりもみんなが自分で選んだ本じゃないから、ワクワクしながら読むことはできないでしょう？　だから教科書以外。教科書以外の英語に手が出始めると英語力は飛躍的に伸びてくる。

僕は英語の本を読むときにクセになっていることがあります。それは「なんでその表現を使うのか、いつも考える」ってこと。次はベストセラー作家***Dan Brown***からの一文。

I would not wish a British chef on anyone except the tax collectors.
誰にだってイギリス人のシェフなんて、収税人以外に押しつけたくはないんだよ。

僕はあまり本を読み飛ばしたりはしない。こんな文に出会うと、「どうして***on***が選ばれたのか」、その理由をチラッと考えます。わからなくたっていいいんだよ。とにかく頭の中にちょっとしたひっかかりをつくっておく。

そしたら***She has a lot on her mind at the moment.***（彼女、悩んでいることがたくさんあるんだよ）とか、***She looks down on Ken.***（彼女はケンのことを軽蔑している）なんて文が出てきたときに、「なるほどな。***on***には『圧力』の使い方があるのか」ってポンと合点がいく瞬間がある。（料理下手といわれている）

イギリス人のシェフを「押しつける」、心をたくさんの悩みが「押す」、軽蔑がグリグリとケンを「圧迫する」、そうした感性が ***on*** に乗っかっていることがわかる。「上に乗っている」の ***on*** がそのイメージのまま「圧迫」に広がっていることが手に取るようにわかってくる。***concentrate on***（〜に集中する）だって、***have an influence***／***effect on***（〜に対する影響／効果）だって、同じ感性が生みだしてるってことがわかってくる。

単語だけじゃない、文の「かたち」だって考えながら読んでいます。

I was walking down the street, when a man suddenly attacked me from behind.

私が通りを歩いていると突然、男が背後から襲いかかってきた。

緊迫感がある文だよね。平穏な日常的な情景が ***when*** 以下から突然転調する。ためしにこの文の ***when*** の中身を入れ替えてみましょうか。

A man suddenly attacked me from behind, when I was walking down the street.

同じ意味だよ。だけど、前の文にあった緊迫感が根こそぎなくなって、まるっきり凡庸《ぼんよう》な文になっていることがわかるでしょう？　「ああ、こうやって使えば ***when*** は効果的に使えるんだ」と理解できる。

「チラッと理由を考える」。そうしたクセがついているだけで、英語がだんだんと見えてくる。自分の体の中に収まってくるんですよ。

僕がどうしてこんな面倒くさい読書法をしているかというと、「この本を書いたヤッと同じような繊細さで英語が書きたい」からです。「この文を自分は書くことができるのか」が頭のうしろで常に響いているからです。

言葉はね、表現できてナンボなんだよ。

僕たちは、ネイティブの言うことを聞いて「はい、そうですか」とうなずくために英語を勉強しているんじゃない。小説や映画に触れて「ああ、楽しかった」と感心するためだけに英語を勉強しているわけでもない。英語を使って表現するため、仕事するため、友達をつくるため、上手に人を動かして自分を達成するために、多大な労力を払って英語を勉強しているんだよ。発信する力があってこそ、力。役に立つ英語力っていえるんだよ。そのための読書。攻めの読書が大切なんだ。

最初は背伸びしなくていい。「簡単すぎてバカっぽいな」と思えるくらいでちょうどいい。ただ、そのバカっぽいお話に出てくる英語を自分が書けるのか、自問自答しながら読んでごらん。けっして書けないから。単語なんて全部知っていても書けないから。

そうやって悔しい思いをしながらどんどん読んでいく。英語の文がもつ独特のリズムを舐《な》めるように読んでいく。そんな作業をくり返していくうちに、みなさんの英語は実践に向かって研ぎ澄まされていくはずですよ。

「問題」だということを忘れてみる

受験生にしかできない貴重な体験ってあると思うんだ。

社会人になるとね、なかなか『源氏物語』を原文で読もうなんて気にはなりません。社会人にはそんな時間はないんだよ。

社会人はね、毎日満員電車に乗って会社に行かなくちゃいけない。5時に帰れるかといえば、残業だってある。8時頃やっと会社が終わったなぁと思ったら、居酒屋に行って飲まなくちゃならない。11時過ぎに帰宅して「さあ、『源氏物語』だっ」なんて人がいたら、それは悪魔です。だから興味も能力も極端に狭い範囲に偏《かたよ》ってくる。いま考えると受験生って、とっても羨《うらや》ましいんだ。ものすごいプレッシャーのなかで生活している、それは理解しているけど。

受験時代は好悪《こうお》を問わず、いろんな分野に触れることができるよね。どの分野も先人たちが営々と築き上げてきた知識のエッセンスが詰まっている。毎日知性が刺激される、教養がグリグリと広がる、そんな経験はこの時期を除いてほかにできないんですよ。だから、「受験勉強なんかイヤだな」と受け身で過ごすことほどもったいないことはない、僕はそう思います。姿勢を変えることだよ。攻めに転ずることだ。

大切なのはその世界にどっぷり浸かるということ。逃げの姿勢から積極的に飛び込んでいくということです。

たとえば、現代国語・古典・漢文。みなさんが「受験問題」としてやっているどの問題も、当代一流の、歴史を生き抜いてきた作品ばかりです（まあ、たまに例外はあるけどね）。そこに飛び込んで深く味わっていく。僕は受験時代、夜中に漢文を読みながら泣いていました。ものすごい作品が世の中にはあるものだ。ものすごい人がこの世の中にはいたものだ、とね。

みなさんが感動してしかるべき深さがどの作品にもある。「受験問題」という意識さえとりのぞけば、本当の価値が見えてくる。そうやって楽しむんだよ。そうやって楽しんだことだけが、その後の人生の肥やしとなるんだから。

きみの未来は「違和感」の中にある

さあ、それじゃそろそろ講義を終わりにしよう。最後にもうひと言だけ。どうしても言いたいことがあるんだ。

それは、「違和感にこだわれ」ということです。

いま現在、みなさんが確固とした将来の夢・希望をもっているならいい。そ

れは幸せなこと。だけど世の中、そんなに恵まれた人ばかりじゃない。多くの人は、自分はどこに進んでいったらいいのか、将来なにをしたらいいのか、わからないんじゃないかな。

そんでもって、周りの大人たちに「自分に向いた職業をめざせ」とか「好きなことを見つけろ」とか、ものすごいことを言われて悩んでいたりもするんじゃないかな。難しいよね、そんなこと。

そもそも、あらゆる問いのなかで、「自分ってどういう人間なんだろう」「なにをするのに向いているんだろう」ということほど、難しい問いはありません。

机に向かって考えたってわからない。

最近は「自分探し」が流行《はや》りだけど、旅行に行ったり習い事を始めるくらいで「ほんとうの自分」がわかるなら誰も苦労はしないよね。その程度でわかる自分なら、いらないさ、そんなもん。

「自分」は最大のミステリー。解くことはできない。

だけどね、手がかりを得ることはできるんだよ。それも日常のなかで。それが「違和感にこだわれ」ということなんだ。

世界はいろいろな意味で完成されてはいません。誰も異を唱えたことのない不合理がたくさんある。至るところに「穴」が空いているんだよ。

もしみなさんが「あれ？　なんでこんなことが見過ごされているんだろう」って思ったとしたら、チャンス到来。その違和感を握りしめてほしいんだ。誰もが見過ごしている大きな穴ぼこ、そこに違和感を感じる「感度」自体が、みなさんの個性だからです。

政治に違和感を感じたら、素通りしないでその違和感を追求してみる。もしかしたらそれが契機で政治学を専攻することになるのかもしれない。ひょっとしたら将来、政治家や新聞記者になるのかもしれない。

英語の文法ってなんかヘンだよな。そう違和感を感じたら、立ち止まって考えてみる。やがては僕のように言語学者や英語教師になるのかもしれない。

自分の心に宿った小さな違和感、小さな不本意、小さな不自然。それを放置しないことだよ。虫眼鏡で拡大して見極めるんだ。その問題意識の中にこそ、大切な大切な「ほんとうの」自分が住んでいるんだからね。

僕もそうやって、いまの仕事に辿《たど》り着《つ》いた。
ちなみに僕の違和感は「なぜこれほどの時間・労力をかけても英語はものにならないのか」です。それだけを朝から晩までもう10年以上考え続けています。ふと芽生《めば》えた違和感はね、ときとして人の一生を左右するほど大切なものなんだよ。

がんばれ。

大西先生へ 5 つの質問

Q 子どものころなりたかった職業は？

A 小学生のころは医者になりたかった。自分がいることで失われずにすむ命があるのかもしれない、そんなことを思っていました。後年、うちの親父がガンで亡くなったんですね。だから、あのとき医者の道を選んでいればという思いは少なからずあります。

Q どんな子どもでしたか？

A 地味な子どもでしたね。わんぱくではあるんだけど、どちらかというと外を見るよりも「自分の中」を見るのが好き、という。今でも旅行に出かけたりするよりも、自分の心の中にあるアイデアを黙って転がしているほうが楽しいんですよ。

Q 感銘を受けた本は？

A ニーチェの『ツァラトゥストラはこう言った』（岩波文庫）ですね。百万回といったら大げさだけど、数えきれないくらいくり返し読みました。いまでも年に1回は読みます。運命を、いかにして自分の手元にたぐり寄せるかといったことが書かれているんだけど、若者にピッタリの熱い哲学だし、みんながこれから読むには最適じゃないかな。

Q 学生時代の得意科目と苦手科目は？

A 得意というか、いちばん点がとれたのは数学ですね。そしていちばん好きなのが国語。英語はどちらかといえば苦手だった気がするな。数学は青空科目。基本さえ身につければ、あとはまちがいのない答えに辿り着く。だけど英語はどんより曇り空。頭に入っている文法事項がそもそも例外だらけだったからね。そりゃ得意科目にはなんないよ。なんとかするよ。そーゆー状況。

Q 疲れたときのストレス解消法は？

A ストレスは感じません。したがって疲れもしません。好きなことしかやってないから。ゴルフ好きな人が毎日コースに出てもストレスを感じないのと同じです。みんなだって同じだよ。受験勉強でストレスを感じたら、「自分はこれが好きなんだ」と思うことさ。できるよ。どの科目もおもしろいから。深いから。攻めの気持ちだよ、一番の「解消法」はね。

オススメ！ 大西先生の本

ネイティブスピーカーの英文法
研究社
定価：1500円＋税

ハートで感じる英文法
NHK出版
定価：950円＋税

【ENGLISH@HEART】 http://www.englishatheart.info/

5時限目 理科（物理）

紙飛行機で「世界」を飛べる

理系のやわらかアタマをつくるために

特別講師　ベストセラー科学作家

竹内薫

たけうち・かおる　1960年、東京都生まれ。東京大学理学部物理学科卒業、マギル大学（カナダ）大学院博士課程修了。理学博士。科学作家として硬軟自在の著書が多数ある一方、「湯川薫」の筆名でミステリー作家としても活躍。最近はテレビの情報番組にも活躍の場を広げている。主な著書に『99・9%は仮説』（光文社新書）、『仮説力』（日本実業出版社）、『ホーキング　虚時間の宇宙』『超ひも理論とはなにか』（共に講談社ブルーバックス）などがある。

一般に、理系はアタマが固いというイメージがある。しかし、よくよく考えてみると世界を驚かせるような大発明や大発見は、みな理系の偉人たちによるものだ。コペルニクスの地動説、ニュートンの万有引力の法則、エジソンの白熱電球、そしてアインシュタインの相対性理論。いずれも理系から出てきたものである。

そこで今回、理系のやわらかアタマを学ぶため、テレビでも活躍する科学作家の竹内薫先生に講義してもらった。理系と文系の両方を熟知する竹内先生は、「理系のほうが何倍も柔軟な発想が求められる」と断言する。はたして、その理由とは……？

龍山高校理科教師　阿院修太郎

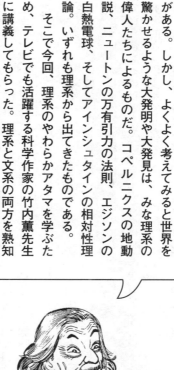

小学生のころ、理科は楽しかった！

小学生のときは理科が大好きだった。菜の花やメダカの観察、校舎の屋上での天体観測、そしてアルコールランプやビーカーを使った実験。小学校の理科室は、いつも賑やかな雰囲気に包まれていた。

ところが、中学生になると理科が楽しくなくなった。高校生になるころには、ますます嫌いになってしまった。

……こういう人はけっこう多いんじゃないでしょうか。

かくいう僕もそのひとりで、小学生のころは杉並区の科学館という施設に通う、典型的な科学少年でした。

また、模型飛行機をつくったり、子ども向けの学習キットを買ってきてラジオを組み立てたりといった、これまた科学少年お決まりのパターンで、ほんとうにワクワクしながら遊んでいました。理科の授業も教材も大好きでした。

ところが、中学生になると理科全般が苦手になるんですよ。覚えることは多いし、授業は退屈になるし、小学校時代にあったワクワクやドキドキが急に薄れてしまうんですね。相変わらず宇宙のことなんかにはものすごく興味があるんだけど、理科という科目には苦手意識がついてしまった。

だから僕は、さいきん盛んにいわれている「理系離れ」についても、その気持ちがよく理解できます。これは学ぶ側の気持ちもよく理解できるし、同時に教える側の気持ちについても理解できる。

というのも、僕は以前、大学の非常勤講師をやっていたんですね。

それで、ある時を境にしてガクッと物理なんかの基礎が抜け落ちちゃった、という印象があるんです。

僕が非常勤講師を始めたのは30代の中盤くらいだったのですが、最初の3〜4年は大丈夫だったんですよ。普通に講義が進められた。

ところが、ある年から急に学生たちがガラッと変わったんですね。

物理の基礎知識がないというのもそうだし、授業中の雰囲気というか、ざわついたり、集中力がなかったり、そのへんから変わってしまった。

ああ、これは大変なことになるぞ、と思いましたね。資源のないこの国で理系離れが進んでいったら、国力はみるみる衰えていく。どこかでそれを止めないといけない、という問題意識はいまも強く持っています。

理系離れの原因はどこにある?

じゃあ、どうして理系離れが進んだかというと、僕はやっぱり先生だと思います。

中学や高校の先生たちが教える力を失っている、というのが僕の持論です。たとえば物理でいうと、『ドラゴン桜』にも阿院修太郎という面白い教師がいますが、アインシュタインの相対性理論なんかは、物理の中でも特に面白い分野なんですよ。それから宇宙の話なんかも非常に面白い。

このあたりの面白さをうまく生徒に伝えられず、教える以前の「興味を引く」という段階で失敗しているんじゃないかと思うんです。

僕の場合は幸いなことに、高校でもう一度理科を好きになることができたんです。

これはいまでも覚えているのですが、高校のとき先生が、授業中に面白い実験をやってくれたんですよ。

まず、ドライアイスが入っている筒みたいなものを用意する。

それを教壇《きょうだん》の机の上に置いて、指先でピンッと弾く。すると、筒の下からドライアイスが吹き出しているものだから、スーッと流れるように走るんですね。

これは抵抗の実験で、摩擦《まさつ》のない状態というものを再現したものでした。

こうやって文字にしながら考えると、非常に単純な実験です。でも、実際にそれをやるのとやらないのとでは、歴然とした差が出るんです。

きっと僕も、ただ教科書に「ドライアイスを入れた筒を押すとこうなります」と書いてあるだけだったら、興味をもてなかったと思います。

大切なのは教科書にある小難しい話を、面白い実験の形で再現することなんです。そうすると、教科書の世界にも興味が出てくる。まさに、小学校の理科室で感じていたようなドキドキやワクワクが得られるんですよ。

僕がこういう牧歌《ぼっか》的というか、のんびりした授業を受けることができたのは、高校の校風もあるだろうし、先生の個性もあったでしょう。そしてやっぱり、授業のコマ数に余裕があったからじゃないかと思います。

いまは昔よりもコマ数が少ないから、そんなことをしている余裕がないのでしょうね。ゆとり教育で授業時間を削ったことによって、逆に本来の意味でのゆとりが失われていった。そういう背景があるんじゃないでしょうか。

僕の通っていた高校は、ほんとうに自由でした。

まず、受験勉強みたいなものが一切なかったんですね。

先生たちは受験テクニックなんか、ひとつも教えてくれない。授業でも、その先生自身が興味のある分野を徹底的にやるんですよ。

たとえば地学の場合だと、やたらプレートテクトニクス（プレート理論）をやるんです。でも、当時はまだプレートテクトニクスは教科書にも載《の》っていない話なんですね。だから、大学受験では絶対に出ない。なのに延々とやるんで

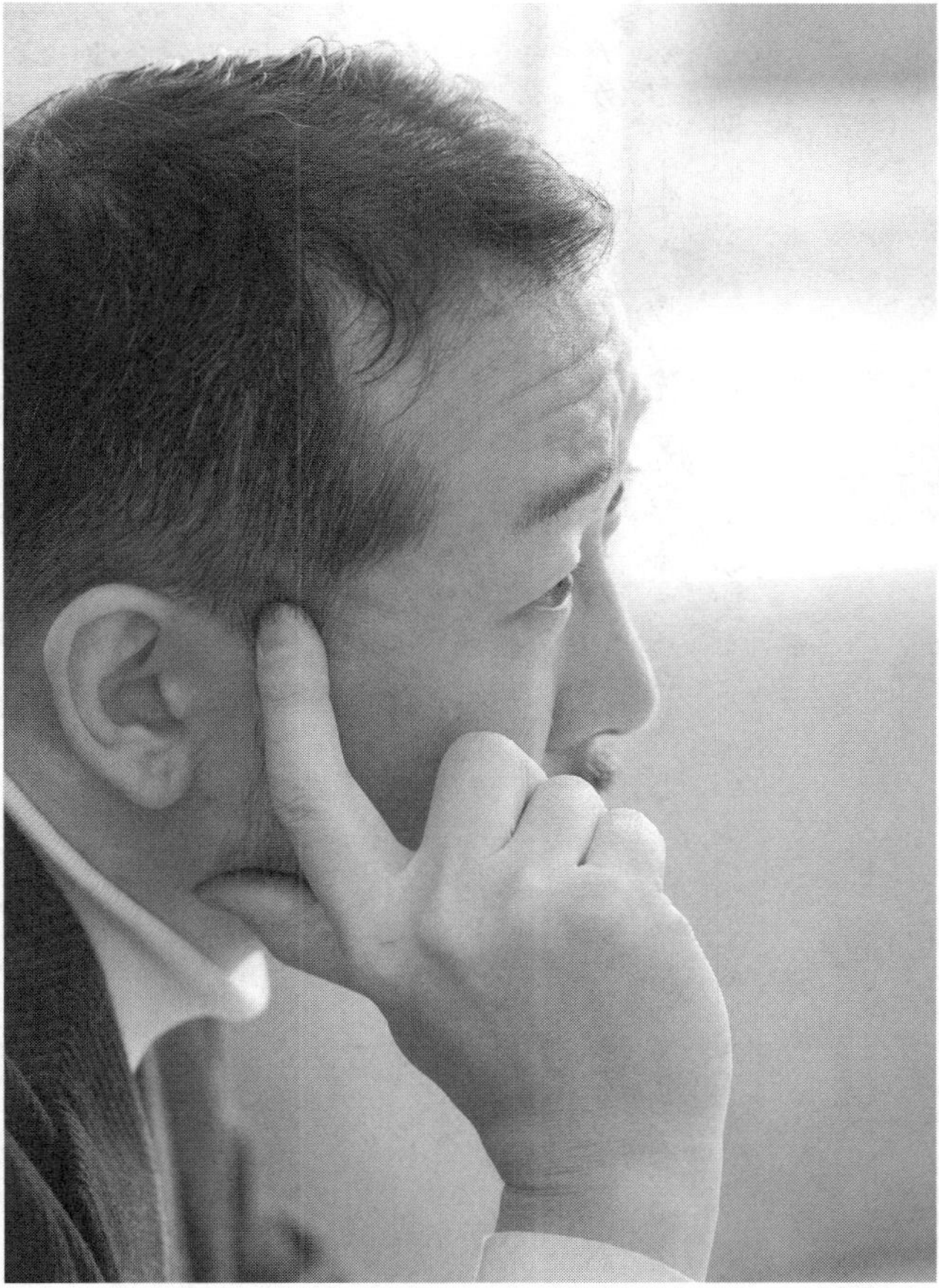

すよ。

地理の先生は地理の先生で、しきりに地図のつくり方についての、かなりマニアックな授業をやる。

そういうのが楽しかったんですよね。もちろん受験への焦《あせ》りはあるんだけど、先生がそんな調子だから自分でやるしかない。それで自分で勉強していく。

ただ、そういう授業を通じてたっぷりと「好き」にさせられているし、楽しさを知っていましたからね。だから受験勉強にも意欲的に取り組めたんだと思います。

だから、『ドラゴン桜』でもそうだけど、やっぱり「興味をもたせる」ための努力が中学や高校の先生たちに求められているし、学生たちにももっと積極的に「関心をもつ」ということが必要とされているんだと思います。

科学に興味をもつために

そもそも子ども（特に男の子）というのは、宇宙の話とか、ブラックホールの話とか、大好きなんですよね。

僕もブラックホールは大好きで、中学時代には文化祭でブラックホールの模型を展示したくらいなんです。これはやっぱり、宇宙やブラックホールにある、「無限」というものに得体の知れない好奇心を抱いていたからだと思うんです。

僕が当時ビックリしたのは、そのころ読んだ本で「宇宙飛行士がブラックホールに近づいていっても、無限の時間がかからないとブラックホールの穴の縁《ふち》には到達しない」という説明があったんですよ。さらに衝撃《しょうげき》的だったのは、「でも、その宇宙飛行士自身は、有限の時間の中で穴の中に入っていく」と書いてあるんですよね。

これは中学生のころに読んで、最初、まるで理解できなかった。

だって、外にいる人から見ると、無限の時間がかかっても到達できない。少なくとも、外からはそう見える。なのに、宇宙飛行士自身は有限の時間の中で穴の中に落ちていく。このふたつの相反《あいはん》する理屈を、どうやって両立させたらいいんだと。これはものすごく悩みましたね。

結局、これが物理学の世界に引き込まれた、最初のきっかけだったんだと思います。

それで、結局これこそが「相対性」というものなんですね。真理なんて絶対的なものじゃない、見る人によって見え方は違うんだ、ということを学んだんです。

このブラックホールの話のように、頭がショートしちゃうような知的な状況、というのかな。そこが物理学の最大の魅力だし、僕はそれに引き込まれていったんですね。

だから、物理でも科学でも、ただ教えられることを覚えていくだけでは面白くもなんともないんです。そこには必ず「え?」とか「あれ?」と疑問を感じる瞬間がある。「どうしてそんなことになるの?」という疑問がね。

たとえばブラックホールの話を聞いて「へー、そうなんだ」で終わっていたら、物理を面白いと思うきっかけはゼロですよ。たとえ尊敬する先生から教わったとしても、「え、なんで？　そんなはずないじゃん！」という疑問をもつことが大事なんです。

ただ、そこで先生が「いいから覚えろ」と抑えつけるか、それとも「じゃあ、一緒に考えてみよう」と身を乗り出してくれるかで、生徒たちの好奇心は大きく変化します。

それから最近でいえば、冥王星《めいおうせい》は惑星ではない、ということになりましたよね。

僕たちの世代は、太陽系を「水金地火木土天海冥《すいきんちかもくどてんかいめい》」と教えられてきたんです。

で、ここでも「ふーん、冥王星は惑星じゃないんだ」だけで終わってほしくない。できれば「へぇ、偉い人も間違うことがあるんだね」「事実とか常識とか思ってることって、けっこういい加減なんだね」ということに気づいてほしい。

そこから、理系思考の最大の武器である「仮説力」というものが生まれてくるんです。

理系の「型」と「型破り」とは？

一般には「理系のやつらは頭デッカチで、文系のほうが柔軟だ」というイメージがあると思います。特に文系の人たちはそう思いがちです。

でも、僕からいわせてもらえば、理系のほうが何倍も柔軟な頭を要求されるんですね。ニュートンもアインシュタインも、現在でいえばホーキング博士にしても、ただ頭がいいというわけではない。とてつもなく独創的な発想力、想像力をもった人たちなんです。

よく、独創的な発想をもった人のことを「型破《かたやぶ》り」といいますよね。

ところが、ほんとうの意味での型破りになるためには、まずは「型」を身につける必要があるんです。

たとえばピカソだって、最初はものすごく繊細で写実的なデッサンからスタートしている。これは「型」ですよね。そしてそうやって築き上げてきた型を破ることで、キュビスムにたどり着き『ゲルニカ』や『泣く女』といった名作が生まれる。

柔道の選手だって、最初は「型」を覚える。それである程度は強くなっていくんだけど、世界選手権に出るような選手は、ある段階で「型」を崩すんですよ。型通りにやっていたら、相手にも簡単に見破られるわけですからね。だからオリンピック級の選手はそれぞれの個性をもっている。「型」を破っていったわけです。

このような感じで、世の中のすべては「型」の形成と、「型破り」という突破によって成長していくものなんですね。そして、なによりも「型」と「型破り」が求められる分野こそ、科学なんです。

それでは、科学における型破りとは、どんなものなのでしょうか？

ズバリ、「仮説」です。

定説（一般社会では「常識」といってもいいでしょう）というのは、すでに固定化された「型」のことです。

それに対して、仮説というのは流動化しているもの。固定したなにかにアクションを加え、流動化させていく。それが仮説なんです。

でも、仮説というアクションを起こすためには、まずは定説の部分をしっかり理解しておかなければならない。

しかも、仮説とはただの思いつきのことではありません。

仮説というのは、常に「検証」とセットになっています。仮説があって検証がある。だからこそ「証明」ができるのです。

その意味でいえば、中学や高校で習う物理や科学は「型」なんです。いま、みなさんは型をマスターしている段階で、ここを通過しないことには「型破り」ができない。いまはちょうど柔軟性のベースを整えている段階なんですね。

日常生活に「仮説と検証」を

この「仮説と検証」は、そんなに難しいものではありません。たとえば、もっともシンプルな仮説と検証は、数学の証明問題です。いくつかの前提条件から、ひとつの結論を導き出していく。あれは仮説と検証というステップの、いちばんシンプルな例ですね。

日常生活の中でいえば、僕がやっていたのは模型飛行機ですね。プラモデルじゃない、バルサ材という軽い木材と薄い和紙みたいな紙を使った模型飛行機。

これをつくるときは、一応キットみたいなものがあって、それを組み立てていくわけです。小さいながらもエンジンをくっつけて。そうすると、上手に飛ばそうと思ったら、たとえばエンジンはどうやってかかるんだろうとか、主翼と尾翼の関係とか、いろんなことが関わってくるわけです。試行錯誤《しこうさくご》して、それこそ仮説と検証をくり返していく。これは紙飛行機だって同じですよね。

つまり、飛んでいるのは小さな紙飛行機なんだけど、その紙飛行機を飛ばしているのは宇宙全体を覆《おお》う科学的法則なんです。

いわば、紙飛行機に乗って世界を飛び、宇宙を飛べる。

科学や物理には、そんな面白さがあるんですね。

それから、僕の時代にはラジオをつくるのも人気でした。これもキットが販売されていて、このパーツを入れるとこうなるけど、あれを入れるとああなる、みたいなことがいろいろあるんですね。そこで電気抵抗なんかについて学んでいく。これも仮説と検証のくり返しで、いろいろ試行錯誤していくんですよ。

だから、みんなもテレビゲームで遊んでいるとは思うけど、大事なのはその「中身」なんですよ。

いまだと、自作パソコンなんかがそれに近いのかな。

もうひとつ、意外な例を挙げましょう。僕は作家でもあるのですが、ここでも「仮説と検証」は活かされているのです。

僕は本を執筆するとき、まず目次からつくるんですよね。かなり丁寧な目次で、ここは決して手を抜かずにつくっていく。目次とは「仮説」であり「型」なんですね。

そして、仮説としての目次さえできあがれば、もう本の半分くらいが終わったことになるんですよ。目次ができあがるということは、本の構成もできているわけだし、そのつながりも見えている。結末までしっかりと道筋ができている。

すると、この資料が必要だとか、ここは取材をしたほうがいいとか、仮説を証明していくうえで必要な条件も見えてくる。

もちろん、仮説とは流動的なものですから「検証」していく過程で、たとえば予定していたこの章はなくしてしまおうとか、こっちの章に新しいエピソードを加えるとか、そういうことはアドリブで対処する。これが「型破り」の作業です。

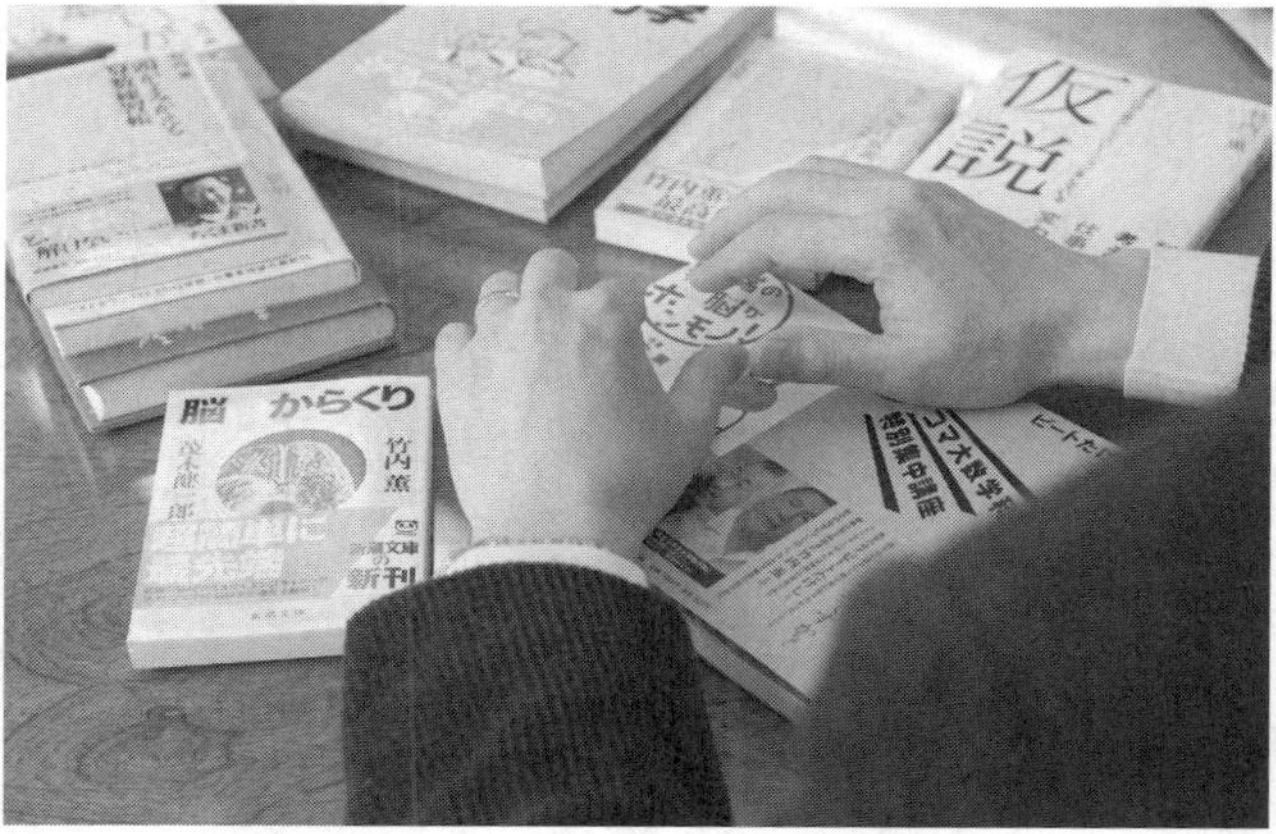
脳
からくり
竹内薫
新潮文庫の
新刊
仮説
特別集中講座

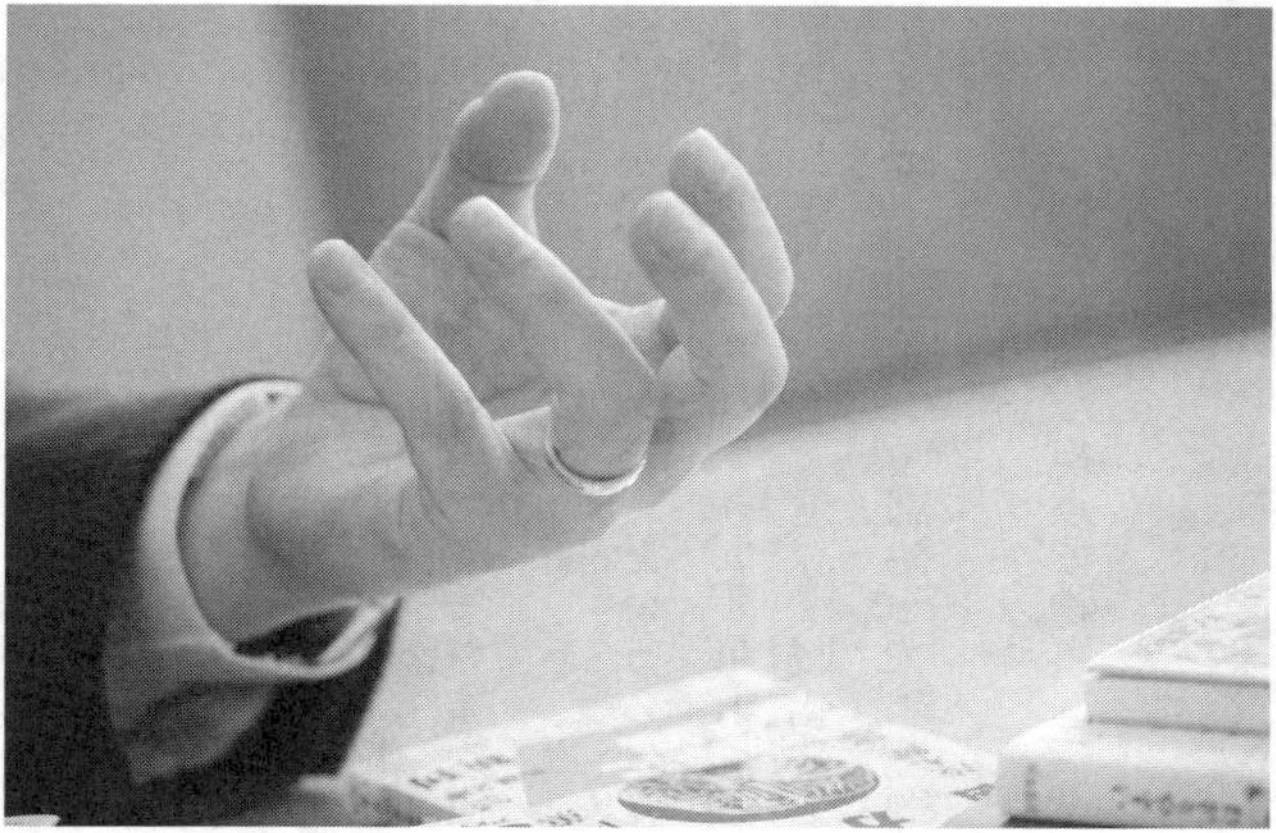

「99・9％は仮説」の意味

最近、地球温暖化の問題が深刻化しています。

そして森林保護からハイブリッドカー、さらにはクールビズまで、地球温暖化の原因とされる二酸化炭素の排出量を減らそうと、世界各国でさまざまな省エネへの取り組みがおこなわれています。

しかし、二酸化炭素が増えたから地球温暖化が起こっている、というのは大きな仮説にすぎません。もしかすると、(なにか別の原因で) 地球温暖化が起こったから、二酸化炭素が増えているのかもしれないのです。地球温暖化については、なにが「原因」でなにが「結果」なのか、科学的に立証されたものはないのです。

いきなりこのような話を持ち出したのは、もっと科学的な視点で物事に接してほしいからです。

世間で常識とされていることの大半は、いや99・9％は仮説にすぎません。

物事を思い込みで判断していると、とんでもないことになります。

たとえば、ニュートンの時代には、もうニュートンが宇宙のすべてを語り尽くした、と思われていたんですね。

イメージとしては、ニュートンがぐるっと円を描いて「これが宇宙だ」と宣言する。そしてみんなは、なるほど、宇宙はこうなっているのかと感心する。それを事実として受け入れる。

ところが、のちに相対性理論を唱えたアインシュタインがニュートンよりももっと大きな円をぐるっと描くわけです。そして「これが宇宙だ」と宣言する。

つまり、ニュートンの宇宙より、アインシュタインの宇宙のほうが大きくなった。

もう少し別の表現をするなら、科学というのは「世界を網《あみ》ですくっていく作業」に近い気がします。

ニュートンという漁師さんがいて、海に出て網を投げる。この網は、少しだけ網目が粗いんですね。

それでも、たくさんのものがすくえるから、「おお、これが宇宙か」と喜ぶわけです。

そしてアインシュタインという漁師さんは、もう少し目の細かな網を海に投げる。

そしてニュートンよりたくさんのものをすくいあげて、「おお、これが宇宙か」と喜ぶ。ニュートンの網では抜け落ちていたたくさんのものが、説明できるようになる。

そうやって網目が少しずつ細かくなり、より多くのものがすくえるようになっていく。でも、決して「これ以上細かい網はない」というゴールはない。それが科学なんです。

人間の知識の限界はどこにある？

そうなると、人間の知識の限界はどこなんだという話になりますよね。

これについては、ウィトゲンシュタインという哲学者がすごく深いところまで考えていて、彼は「語りえぬものについては、沈黙しなければならない」と言うんですよ。

ここでの「語りえぬもの」とは、言葉や思考を超えた世界のこと。

それで言葉というのは日本語や英語のような日常言語もあるし、数字や数学の記号なんかもある。そして、これらによって語りえぬものについては、人間には考えられない。

僕は、そういう「語りえぬもの」は確実に存在すると思っています。

たとえば、人間は色というものを三原色で見ているんですね。

赤、青、緑の組み合わせで、さまざまな色を見ているのが人間の目です。この原理はテレビのブラウン管でも利用されていて、ブラウン管の画面をよく見ると、赤、青、緑の3色でつくられています。

ところが鳥の目は、四原色なんです。人間が見えない紫外線まで、鳥たちは見ている。だから「鳥の目で見た花の色」などは、われわれにとって完全に「語りえぬもの」です。

また、ネズミを迷路に入れて実験すると、ある程度は学習することができます。たとえば、右の次は左、左の次は右、というのを交互にくり返すような迷路だと学習できる。

ところが、曲がり角が、2、3、5、7、11、13番目、つまり素数のときに曲がる、という迷路は学習できないんですよ。

なぜならネズミには素数という概念がないんですね。

人間の脳は素数を理解することができるけど、ネズミの脳には素数というものがインプットできないんです。だから、ネズミにとっての素数は「語りえぬもの」なんです。

このように、僕たち人間にも「語りえぬもの」はある。

ただ、そのうちの一部が、今後人間の知識の枠組みに入ってくるのかもしれないし、永遠に入ってこないのかもしれない。そこはわかりませんし、いまは「語りえぬもの」ですから「沈黙しなければならない」のです。

きっと、高校時代くらいだと「もう自分は全部わかった」と錯覚するものだと思います。これは物理にかぎらず、人生とか世の中とか、いろんなことについて。

でも、その「型」が崩れる瞬間は必ずくるし、こないことには成長はないんです。いつか型が通用しない世界に出て、それまでの型が音を立てて崩れていく。そして眼前には、新たな地平が広がる。そのくり返しが人生だと思うんですよね。

そして、大学に進むと、自分の専門分野について「語りえぬもの」と「語りうるもの」の境界線がわかるようになってきます。

そして、「これはいまは境界線の向こうにあるけれど、ここを証明できれば境界線の内側に入ってくる」ということがわかる。研究者というのは、そういう境界線の最前線で勝負している人たちなんです。

人生観を変えてくれる物理学

それから物理学の中には「間主観性《かんしゅかんせい》」という考え方があるんですよね。

これはどういうものかというと、普通は物事を考えるとき、自分の視点である「主観」と、それから全員の視点である「客観」というもので考えますよね。主観的な意見だとか、客観的な事実はこうなっているとか。

でも、実際には「全員の視点」なんかないんですね。

あるのは個々の主観だけで、ほんとうの意味での客観なんかない。よくいう客観的事実みたいなものは、ただの幻想なんです。

それでも、個々の主観しかないというのでは、みんながバラバラになってしまう。

そこで、主観でも客観でもない、ちょうど主観と客観の中間くらいの視点を想定しないといけない。それが「間主観性」というものです。

これはもともと哲学の用語で、物理学でも、たとえば原子や電子などを観測する場合の「観測する側」と「観測される側」の関係を考えるときなどに登場します。

さて、この考え方が頭にあると、どうなるか。

まず、人の痛みがわかるようになるんです。

たとえばいじめの問題にしても、いじめられる側の立場に立って物事を考えることができるし、いじめる側に立って考えることもできる。

よく、いじめ問題の解決策として「思いやり」が大切だといいますよね。でも、思いやるというのは、あくまでも主観なんです。

こちらの立ち位置は変えず、相手を見ているだけ。これでは根本的な解決にはならないでしょう。

そして「いじめはよくない」「いじめはカッコ悪い」というのは客観であり、道徳的な幻想なんです。これも大して効力のあるものではない。

必要なのは、ちょうど主観と客観の中間くらいの位置（間主観）に立って、物事を考えることができるイマジネーション能力なんですよ。

これさえあれば、社会に出ても上司の立場や部下の立場で考えられるし、お客さんの立場に立っても考えられる。

意外かもしれませんが、物理学をやっていくことで、その人の人生観や生き方まで変わっていくものなんですよ。

科学の目でニュースを読もう

新聞を読んでいるとき、何気なくテレビのニュースを見ているとき、ちょっと科学の目を意識してそれを考えてみましょう。

たとえば、帰省ラッシュのニュースがあったとします。ものすごい交通渋滞が起きていて、高速道路が大変なことになっている。

あれを物理学の目で見ると、先頭の車の後ろに衝撃波《しょうげきは》が見えてくるんですよね。

どういうことかというと、まずそれぞれの車をものすごく小さな粒だと考えるんです。ちょうど、空気の分子みたいなものとして考える。そして衝撃波というのは、空気の分子の中をものすごい密度の変化が伝播《でんぱ》していくことなんですよ。

先頭の車がちょっとブレーキを踏む。そうすると2台目の車もブレーキを踏む。3台目もブレーキを踏む。そうやって後ろにドドドドーッと減速の波、衝

撃波が伝わっていくんですね。ちょうど水面に石を投げたとき、波紋が広がっていくような感じです。

そして最終的に100台目の車は停止してしまう。こうやって交通渋滞は起こるんですね。

おかげで物理をやっている人間は、渋滞のニュースやシミュレーションを見ると、そこで衝撃波に関する方程式をイメージしてしまうんです。

だから新聞なんかから、いろんなことを想像してほしい。交通事故や航空事故のニュースも、ただ「怖いね」とか「危ないね」で終わらせず、どうしてその事故が起こったのか、それを防ぐ手立てはないのか、といったことを考える。天気予報でも、地球の周りをグルグル回っているはずの気象衛星が、どうして時間ごとの雲の動きを定点カメラのように撮れるのか、といったことを考える。

それから新聞には子ども向けの科学欄みたいなものがあるんですね。これは大人が読んでも面白いし、高校生にはピッタリだと思いますよ。

「僕は頭が悪い」も仮説にすぎない

世の中は、いろんな思い込みによって支配されています。

たとえば、「頭がよくないと東大には入れない」というのだって、誤った思い込みです。僕自身の周囲を考えてみても、ずっと塾通いで東大に行ったヤツは少なかった。むしろ、塾なんてほとんど通わずにスポーツをやっていた人間のほうが多かった気がします。

あとはIQなんかも思い込みのひとつですね。

歴史に名を残すような人が、みんな子どものころから神童《しんどう》だったかというと、そういうわけではない。アインシュタインなんかはいい例だけど、ゆっくり自分のペースで勉強している人は、周囲からはのろまに見えるかもしれない。でももっと長いスパンで考えてみると、それがものすごい天才だったということはよくあることなんです。

そして、いちばんいけないのは「自分は頭が悪い」という思い込みであり、仮説です。

そう思った瞬間、どんどんモチベーションが下がってしまう。

だから僕は「どうせ僕は頭が悪いから」と言ってる人には、単刀直入《たんとうちょくにゅう》に「やったのか？」と聞きたい。

ほとんどの場合、しっかり勉強しないうちから「どうせ僕は」と言ってるだけなんです。やる前からあきらめている。そんなことでは、伸びるものも伸びないですよ。

もちろん、どんなに一所懸命に野球をやっても、誰もがメジャーリーガーになれるわけではない。そういう限界はあります。

でもそれは「野球に向いてない」というだけの話で、その人には別の道があるんですよね。自分の適性や才能というのは、必ずどこかにあるはずだから、それを見つけるまでは絶対に「どうせ僕は」なんてマインドになってほしくないですね。

もっと物理を極めたい人へ

さて、ここまで「科学が苦手な人」に向けて、科学や物理の基本的な考え方や面白さについて、できるだけわかりやすく説明してきました。

そこで最後に、いま高校生で物理が好きな人、これから真剣に物理をやっていきたいと思う人に、ひとつアドバイスを送りたいと思います。

それは、数学の微分積分《びぶんせきぶん》をしっかりやっておくことです。

まず、大学に入ってからの物理学というのは、微分積分ができないとなにもできないような学問なんです。公式も、すべてが微分積分でつながってる。

それなのに、高校で力学の公式を教えるときには「微分積分を使ってはいけない」と学習指導要領で定められているんですね。これは日本の教育システムの大きな欠点です。

もちろん、生徒たちはそれと同じ時期に数学の授業で微分積分を習っています。微分積分そのものが高校生には難しすぎるというわけではない。

しかし、数学の微分積分にも「物理の話を出してはいけない」というルールがあるんですね。

本来、微分積分というのは物理学のフィールドから生まれているんですよ。だって、微分積分を発明したのはニュートンですからね。物理に必要だから発明された数学が、微分積分なんです。

その結果、高校で習う力学の公式はすべてバラバラになってしまうんです。Xの公式はこれ、Vの公式はこれ、というふうに。それで苦しいものだからグラフを使って説明するけど、あれはかなり無理のある説明です。微分積分を使えば、Xを微分したら速度はVになります、というようにつながっていくんですね。

ですから、このあたりを頭に入れながら微分積分をやっていくと、モチベーションも上がるだろうし、大学に入ってから、ものすごくラクだと思いますよ。

竹内先生へ5つの質問

Q 学生時代なりたかった職業は？

A 外交官に憧れて、東大の文Ｉに入りました。でも、文章の仕事がしたいと思ったり、いろいろ悩んで教養学部教養学科に進んだ。それで理系と文系の全部をやってみて、最終的に物理に行き着いたんです。結局、卒業後に３年の理学部に学士入学して、本格的に物理を学んでいきました。

Q 学生時代の得意科目と苦手科目は？

A 得意科目は英語、国語、数学。苦手な科目は社会の地理と公民。これは興味をもてなかったですね。あとは化学もダメだった。これはいまも苦手で、高校時代の先生がアルバイトみたいな新米の先生でね。混乱させられて、意味もわからないまま終わりましたね。

Q 感銘を受けた本は？

A 大学時代に読んだサルトルの『実存主義とは何か』。この本の中で彼は「投企」といって、自分で人生を選べ、飛べ、自分を投げろ、というんですよ。これは衝撃的でしたね。人に意見を聞いたり、常識みたいなものに従うんじゃないんだ、ということに気づかされた。自分で選べといわれたら戸惑う。でも、それが人生なんだ、というかね。

Q オススメの物理入門書は？

A ノーベル物理学賞も受賞しているリチャード・ファインマンの『ご冗談でしょう、ファインマンさん』（岩波書店）ですね。彼ならではの好奇心の持ち方やユーモアセンス、そして知的センスや物理の面白さが、ふんだんに盛り込まれた素晴らしい一冊です。特に、物理が苦手とか理系科目が嫌いという人にこそ、読んでほしいですね。

Q 先生にとって大学とは？

A 知識も広がったんだけど、考え方の幅が飛躍的に広がった。大学にはその分野の最先端の研究をしている先生がたくさんいて、彼らに直接触れられる。これは、卒業したらなかなかできないことですよね。しかも学生はなにも知らないのが当然なんだから、思いきって質問できる。自分の「型」を破るための場所、それが大学ですね。

オススメ！ 竹内先生の本

99.9%は仮説
光文社新書
定価：700円＋税

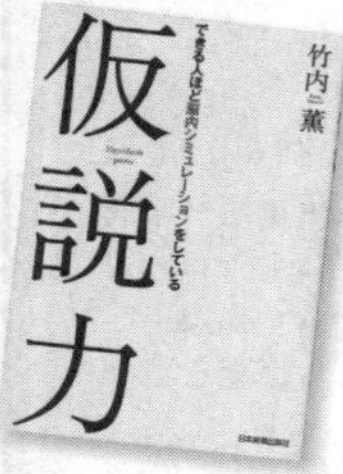

仮説力
日本実業出版社
定価：1300円＋税

【竹内薫オフィシャルサイト】 http://kaoru.to/

6時限目 社会

「情報編集力」を身につけよう

自分の「経験値」を高めるために

特別講師　教育改革の旗手

藤原和博

ふじはら・かずひろ　1955年、東京都生まれ。奈良市立一条高校校長。1978年東京大学経済学部卒業後、リクルート入社。1996年より年俸契約の「フェロー」となる。2003年、東京都で民間人初の公立中学校長に就任。自ら開発した実践的総合学習の「よのなか科」は、全国の教育関係者から熱い注目を集める。2008年、任期満了により退任。主な著書に『たった一度の人生を変える勉強をしよう』（朝日新聞出版）、『つなげる力　和田中の1000日』（文春文庫）、『藤原先生、これからの働き方について教えてください。』（ディスカヴァー・トゥエンティワン）、共著書に『人生の教科書［よのなかのルール］』（ちくま文庫）などがある。

社会科とは、本来もっとも実生活とリンクした科目であるはずだ。歴史も地理も公民も、すべて社会に出てからそのまま役に立つ。

ところが、どういうわけか社会科は国語や英語、数学に比べて軽く見られている。そこで今回、杉並区立和田中学校で都内初の民間出身の中学校長となり、「よのなか科」というまったく新しい「真の総合教科」を推進する、藤原和博先生に講義してもらった。

いったい「よのなか科」とはどういうものか。そして中高生はなぜ学び、なにを学んでいくのか。民間出身の校長先生だからこそ語れる、真の「学び」がここにはある。

龍山高校 社会科教師　桜木建二

「よのなか科」とは？

僕は現在（2007年当時）、東京都の杉並区立和田中学校で、校長先生をやっています。

東京都の公立中学校で初めて民間出身の校長となったことで、いろいろと話題になりました。

でも、僕のことをそれ以上に有名にしたのは、「よのなか科」というまったく新しい教科の授業でしょうね。これは和田中学校の校長に就任する以前から実践しているものです。そこで最初に、この「よのなか科」という授業について、簡単に説明していくことにしましょう。

まず、「よのなか科」とは、特定の知識を教えるものではありません。知識よりももっと大切な、生きるチカラを学んでいくための授業であり、学校で教えられる知識と実際の世の中との架け橋になる授業です。

たとえば、「よのなか科」でもっとも有名な授業テーマは、「ハンバーガー店の店長になろう」というもの。

この授業では、まず生徒たちに見知らぬ土地の地図を手渡します。そして「もしもきみがハンバーガー店の店長だったら、どこに出店する？」と尋ねる。つまり、「どこに出店したら、いちばん儲《もう》かるか」を考えさせるわけ。

当然、「人通りが多いところがいいんじゃないか」ということで駅前を探すんだけど、駅前はもう土地が埋まっていて出店できない。

じゃあ、どうするか？

「ドライブスルーで立ち寄れるように、大通りに面したところがいい」

「ここに大きな病院があるから、このへんはどうだろう？」

「いや、ハンバーガー店だから、若者が集まる大学の前がいい」

「でも、大学は夏休みに学生が消えてしまうよ」

まずは自分で考えて、今度はそれを班のみんなで意見交換して、試行錯誤《しこうさくご》しながら意見を進化させていく。

そして今度は、仮に駅前に出店できたとして、どれくらいの売り上げが見込めるか考えてみる。

ここで考える要素は次の4つ。

（1）その駅の一日の乗降客は何人くらいだろう？

（2）100人の通行人に対して、何人くらいのお客さんが入店してくれるだろう？

（3）お客さん一人あたり、いくらくらいの金額を使うだろう？

（4）このお店の売り上げは一日いくらくらいだろう？

僕のやっている「よのなか科」では、このうちすべての前提となる（1）について、授業中、その駅に電話をかけさせます。そして駅員さんに、実際の乗降客数を聞くんです。

もちろん、これだけではありません。

その後は流行《はや》る店と流行らない店の違いを考えたり、ハンバーガーの原価を予想してみたり、店舗を運営していくための経費（人件費や家賃、光熱費など）を計算してみたり、ハンバーガーの原材料（牛肉やレタス、パンの小麦粉など）がどこからやってくるのかを学びつつ、ハンバーガーが安い理由を考える。

そこから貿易について学び、円とドルの為替相場《かわせそうば》のしくみまで学んでいく。

つまり「一個のハンバーガーから世界が見える」というのが、この授業のテーマなんだよね。

ほかには、建築家のロールプレイというのもあって、ここでは将来自分が住みたい家をデザインすることからスタートする。

それから実際に建築家の先生を招いて、その図面を講評してもらう。建築家たちが実際に設計をするとき、どんなことを考えながら、どういうふうに設計していくのかを学ぶ。そして最終的には、

「子どもに個室を与えるべきか?」

「子ども部屋にカギは必要か?」

「子ども部屋にテレビは置くべきか?」

といったことまで考え、みんなで議論してもらう。

こういうシミュレーションとロールプレイを重視した実践的な授業が、「よのなか科」なんだ。

現代社会の諸問題を考える

最初は「ハンバーガー店の店長」や「自分が住みたい家」といった、比較的軽いテーマからスタートする「よのなか科」の授業。

でも、後半になってくると、これまでの学校教育ではタブーとされてきたような現代社会の諸問題に深く突っ込んでいくようになります。

たとえば「殺人を犯した少年をどう裁くか」という授業。

これは少年法の意味や必要性を考えながら、弁護士ロールプレイ、検察官ロールプレイを含んだ模擬《もぎ》裁判までやってもらいます。

また、少子化の問題。これもただ知識として少子高齢化を教えるんじゃなくって「将来、自分が結婚したら」、そして「もしかすると離婚するかもしれない」という前提で、少子化問題を考えていく。

それから、「人のいのち」の問題。

この授業では、自殺志願者とそれを止める説得者のロールプレイをおこなってもらいます。さらに、安楽死の問題に対しても、生徒たちに肯定的な意見と否定的な意見を出してもらい、ディベート（討論）していきます。

あるいは、ホームレス問題を考える授業では、新宿から本物のホームレスの人に来てもらう。僕の友人でホームレス支援の活動をやっている人間がいて、彼に協力してもらって。これはもう6年間やっている授業です。

この授業なんか、完全に異世界との遭遇《そうぐう》だよね。

先日来てもらった人は、65歳の男性で、中学を卒業したあとマグロの遠洋漁業を十数年やって、そこから流れ流れて新宿でホームレスになった、という人でした。

そして最初は彼を登場させないで、「ホームレスってどんなイメージ？」みたいなことを聞くわけです。

そうすると「臭い」「汚い」「駅で寝てる人」「やる気がない」といったマイナスイメージばかり。男の子の中には「社会のゴミだ」とか「排除してしまったほうがいい」みたいなことを言う生徒も出てきます。

続いて、本物に登場してもらう。

ところが先日の授業では、そのホームレスの男性が感極まっちゃって、生徒たちの前でいきなり泣き出してしまったんですよ。もちろん、生徒たちはものすごいショックというか、インパクトを受けていた。

でも、実際にホームレスの人に登場してもらうと、それまでの一方的なマイナスイメージが変化するんですね。

自分がどれだけ偏《かたよ》ったイメージで物事を観ていたのか、よくわかってくる。それが理解できるだけでも、意味のある授業だと思います。

「正解がひとつではない課題」に取り組む

ここで大切なのは、「正解がひとつではない課題」に取り組んでいくこと。

これはちょっと難しい話になるんだけど、戦後の経済復興から高度成長期までの間は、工業を中心とした産業化の時代でした。

いわば、「成長社会」という段階です。

この時代の教育現場では、「早く」「ちゃんと」「いい子に」という3つがいちばん大事な価値観だったんだよね。

早くしなさい、ちゃんとしなさい、いい子にしなさい。これは親も教師も、地域社会の人たちも口にしていた言葉です。だって、産業界ではそういう人間が求められていたわけだからね。

そして産業界には「もっとたくさん」「もっと安く」「もっと標準的に」といった万人にとっての「正解」があった。

でも、21世紀の日本は十分に成長しきった「成熟社会」です。

そこでは「これをやっておけば大丈夫」という、誰もが認める正解なんかありません。

だって、個人の価値観がバラバラになったんだからね。

IT長者をめざしてガンガンに働く人もいれば、のんびり気ままにフリーター生活を送る人もいる。娯楽ひとつとっても、プロ野球にJリーグ、それからメジャーリーグやNBA、欧州サッカーまで自宅で観戦できる。紅白歌合戦の裏では格闘技が中継される。

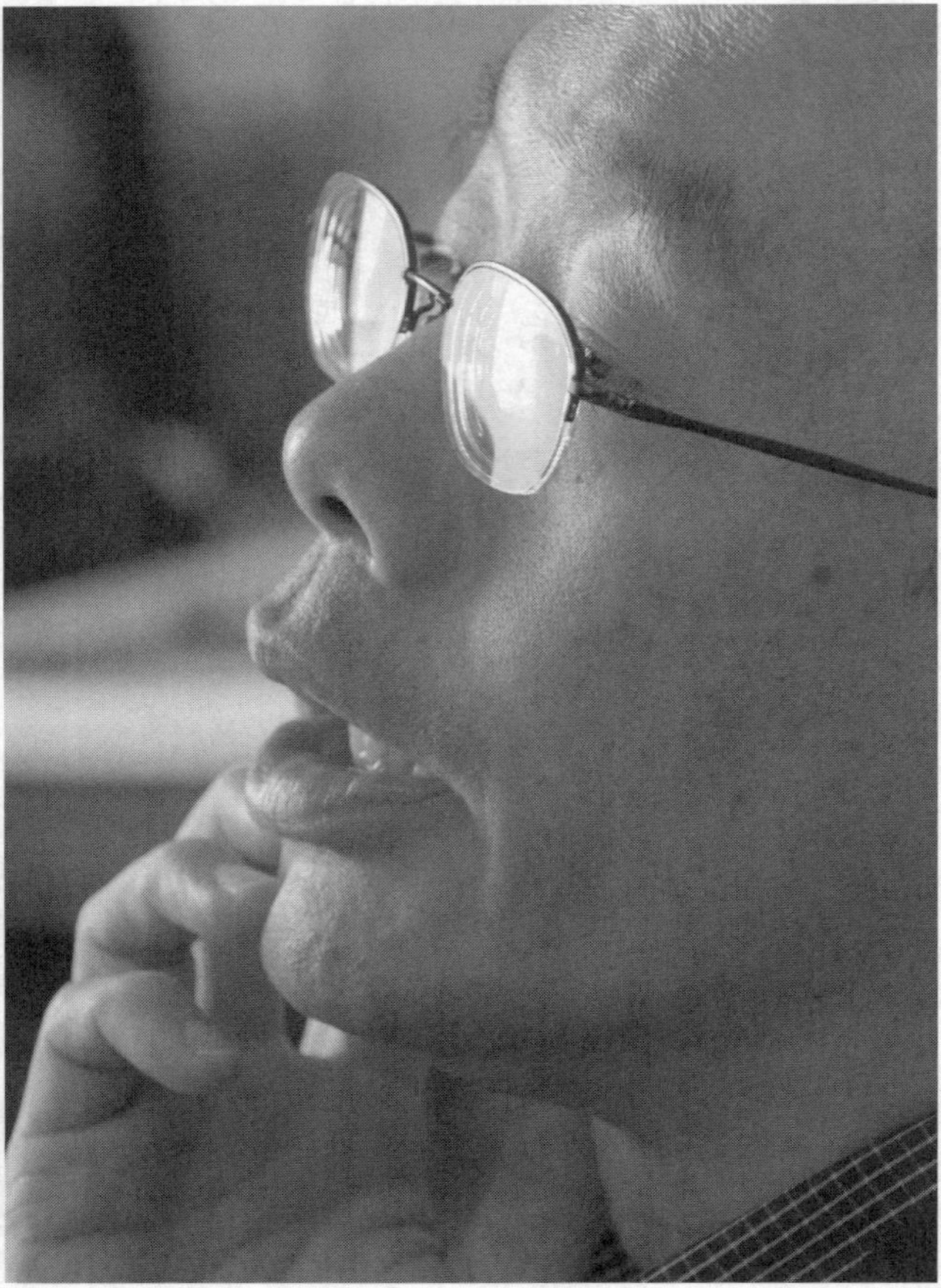

こうやって価値観が多様化してくると、たったひとつの正解はなくなってくる。これは社会全体がそうだし、企業の中でもそう。家族の中でさえもそうなんです。

だから、ハンバーガー店の店長になる授業でも、「正解はこれだよ」なんてことは教えません。

どこに出店するのがベストなのか、それは実際にやってみないことにはわからない。また、どうすればお店が流行るのかということにも、正解なんてないんだ。

もっとも、正解がないというのは、生徒も教師たちもかなり戸惑《とまど》うこと。年30回の授業のうち、最初の2～3回は生徒たちもかなりイラつく。僕がなにも答えらしきものを出さないことにね。そして僕と一緒にチームで教える教師たちにだって、ほんとうにこれでいいのか、といった迷いがある。

また、2年間で3000人くらいの教育関係者たちが全国から研修・見学にくるんだけど、「それでいいんでしょうか？」という質問はよくあります。

でも、子どもたちはすぐに慣れてくれますね。

30回のうち10回くらいはディベート、10回くらいは本物のゲストがくるんですけど、まずディベートを好きになってくれる。

実際は男の子なんて、5回目、6回目くらいまではしっかり自分の意見を言えない。

意見はあるんだけど、しっかりした文章にならないんで、発言しちゃいけないと思って自制する。これまでずーっと正解主義できているから、正解が出るまでは言葉にしちゃいけないと思っている。

そうすると、おしゃべりが大好きでコミュニケーション能力に長けた女の子たちには敵《かな》わないんだよ。

だから「よのなか科」では、まず書かせるんですね。

書かせたものを先生が見て回って、「これ、読むのでもいいから発表してごらん」と促《うなが》す。「単語が3つくらい並んでいればいい。それをあとで文章にすればいいから」って勇気づけると、どんどん書けるようになるし、口に出せるようになっていくんです。

「情報処理力」と「情報編集力」

さて、正解がひとつしかない問題を前にしたときに必要とされるのは「情報を上手に処理する力」、つまり「情報処理力」です。

これはジグソーパズルを組み合わせていくような能力のことで、パターンさえ覚えてしまえばパパパッとできるようになる。

じゃあ、正解がひとつではない問題を前にしたときに、いったいどんな力が必要とされると思う？

まず、自分の知識、技術、経験を総動員して、それらを組み合わせ、自分なりの答えを導いていく力が必要になってくる。ここで導き出すのは、すべての人にとっての「正解」ではなく、あくまでも自分なりの「納得解《なっとくかい》」。

この力のことを僕は「情報を編集する力」、つまり「情報編集力」と呼んでいます。

正解主義の情報処理力とは、決められたパターンを決められた場所に埋めていく、ジグソーパズルのような能力のことだったよね。

これに対して、情報編集力はレゴブロックで遊ぶときの能力なんだ。

つまり、自分の手で組み合わせ、自分でなんらかの形をつくりあげていくような能力のことだとイメージしてください。

じゃあ、これが受験と関係あるのか？

大いに関係あるんだな、これが。

この点について、僕はいまでも鮮烈に覚えている東大の入試問題があるんだよね。

それは、自分自身の受験のときに出た東大の地理の問題で、1問目がいきなり「アフリカの地図を描け」という問題だった。

もともと地理というのは、中学では国や地域と特産品なんかを勉強するものだよね。それで高校になると、そこに政治と経済が少し絡《から》んでくる。だから、典型的な暗記科目というイメージがあると思う。

そこにいきなり「地図を描け」というのは衝撃的だったな。

しかも、この問題が素晴らしかったのは、地図を描くだけでなく「赤道も描き入れなさい」と指示されていること。

やってみればわかると思うけど、アフリカ大陸ってぼんやりとはイメージできるんだけど、なかなか正確な形はわからないものなんですよ。

そして赤道というのは、思った以上に下のほうにある。ちょうどケニアのあたりで、アフリカ大陸北西部の膨《ふく》らんでいるところより、ずっと下なんだよね。

もちろん、アフリカ大陸の海岸線をすべて暗記しているやつなんていません。出題者は、そんなことを期待しているワケじゃない。だからこれは、厳密な意味での正解が問われていない問題なんです。

要するに、「この出っ張りが描けていたら何点」「この窪《くぼ》みが描けていたら何点」という世界で、要素どうしの〝関係〟でアフリカ大陸の本質が捉《とら》えられているか、という話なんだ。

だから赤道を描けというのは、ほんとうに素晴らしい着眼点ですね。

地図だけならあいまいにごまかせたものが、赤道というものが出てきた途端《とたん》に、問題の意味が変わっちゃう。

しかも、そのうえで「タンザニアはどこか、そしていまタンザニアで問題になっていることはなにか」みたいな問題が続くんです。

これなんかは、半分以上が「情報編集力」に関わってくる問題じゃないかな。

ひとりで解決しようとしないこと

「よのなか科」の授業では、ひとりで考えたあとに、必ずグループで考えるようにしています。

これを僕は「ネットワーク脳」と呼んでいるんだけど、これからの複雑な成熟社会では、ひとりの中から出てくる知識だけでは勝負できないんですよ。どれくらい多くの「できるやつ」を動員できるか。そこが勝負なんです。

たとえば、「藤原《ふじはら》和博《かずひろ》」というブランドネームの背後には、僕の脳につながったネットワークが500人くらいいる。たいがいの課題はこのつながりによって解決できちゃうんだよね。

だから、もしも僕がネットワークをもたないひとりきりの人間だったら、「よのなか科」もなにもできない。自分の知識と技術と経験だけで勝負しても、ダメなんですね。

ところが、学校って正解主義で9割は正解を教えられるよね。

しかも「カンニングするな」と言われる。

すると、みんなひとりっきりで正解を出さなきゃいけないと信じることになる。

でもね、実際に社会に出たときに、ひとりっきりで正解を出すなんてことはムリなんだ。それでみんな、社会に出てから戸惑ってしまうんだよ。

中高生には、いや、大人の人にも「あなたの実力の半分は他人の力で成り立っているんだよ」ということをわかってもらいたい。

ひとりで解決することの問題点をもうひとつ挙げてみよう。中学や高校の時期には、ほとんどの人にアイデンティティの危機が訪れるんです。

小学校のころはみんな仲良くて、いつも一緒に遊んでいた。どこまでもみんな一緒に行けると信じてね。

ところが中学に入るころには、友達の成績優秀な誰かが、私立の中学に行くことになる。

公立中に進んでも、高校受験では、みんなバラバラの高校に進むことになる。

そこでアイデンティティの危機が訪れる。ものすごい不安に襲《おそ》われる。

親御《おやご》さんも、どう扱えばいいかわからない。「今度の英語の先生はどう？」と聞いても、「まあまあ」くらいの答えしか返ってこない。「発音は上手？」「フツウ」、「教え方は？」「関係ネエじゃん」。面倒くさくて自分の部屋に閉じこもっちゃうでしょ。

親との会話なんか「まあまあ」「フツウ」「関係ネエじゃん」「ビミョー」の4つくらいで片づけちゃうんだよね。だから親御さんはオロオロしちゃう。

それで、自分でもどうしたらいいかわからないんですよ。

親や先生から「もう中学生なんだからできるだろ」と言われる。自立せよとか、自主的に、とかね。

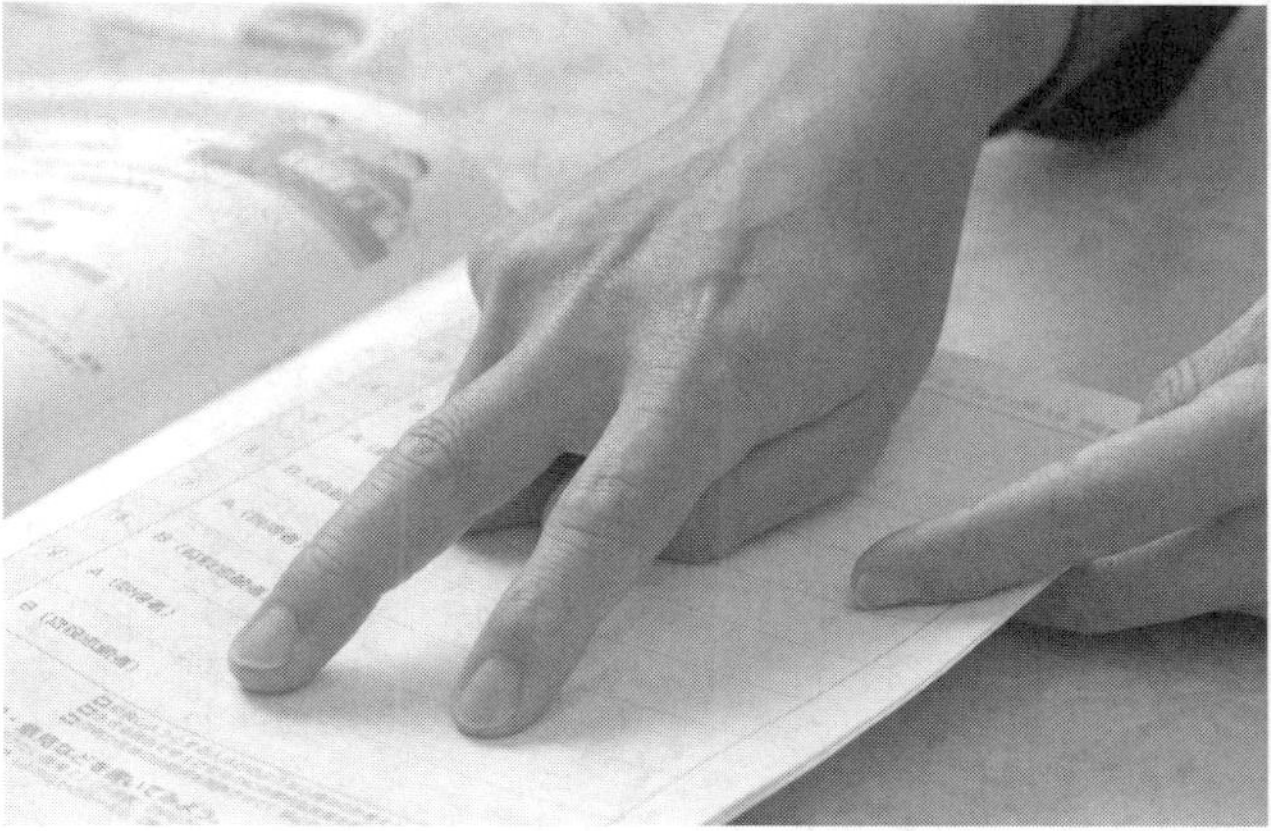

その一方では「まだ子どもなんだから夜遊びしちゃいけない」とか「中学生のくせに」とか、まったく反対のことも言われる。

子どもなんだからダメだと言われる一方で、大人なんだからやれるでしょ、と言われる。これは「ダブルバインド」というんだけど、とんでもなく苦しい状況だね。

だからね、誤解を承知でいえば、この中高生という時期に「死んでしまいたい」と思うくらい悩むのも、不思議はないんです。この時期には、魂がグラグラ揺らぐ。それで視野がググーッと狭くなって、周りが見えなくなって、いっそ消えてしまったほうが楽かも、なんてことも思う。

だから僕は自殺をテーマにした「よのなか科」の授業の中で、「行き詰まってしまうこともあるよ」と生徒たちに教えている。

それで、「もし、自分が心理的な視野《しや》狭窄《きょうさく》に陥《おちい》ったら、八割方うつ病だと疑え」と指摘しています。「自力で解決しようとするな。病気かもしれないんだから医者に行け」と。なによりもよくないのは、ひとりきりでも「正解」が出せると思い込むことだから。

ナナメの関係をつくろう

でも、実際に「よのなか科」が導入されている学校は、まだまだ少ない。これを読んでいる読者の大半は、そういう授業を受けられる環境にないと思う。

そこでどうすればいいかといったら、なにより大事なのは良質な「遊び」ですね。

ロールプレイなんて言葉を使ったら、なんだかカッコイイ感じがするかもしれないけど、結局は「○○ごっこ」の延長なんだ。だから、女の子の「おままごと」だって家族ロールプレイだし、お母さんロールプレイだよね。お父さんは誰で、このお人形が娘で、こっちのぬいぐるみがペットで、といったことを設定する。そういうロールプレイの中で、女の子たちは自分自身の居場所を見極めていくところがあると思う。

また、男の子たちがやっていた「戦争ごっこ」や「忍者ごっこ」も似たようなものだよね。こっちはロールプレイというよりもシミュレーションゲームに

だ。

近いけど。

だから、田舎でこういう遊びをやっていた子ほど、じつは将来、有利なんだ。

都会にいると、この種の遊びってすごく難しいから。ひとり遊び、テレビゲームはできるんだけど、他人との〝関係〟の中で遊ぶことができていない。だから、これから都会の子どもたちは、「情報編集力」をどんどん失っていくのかもしれないね。

他人との〝関係性〟の中で役割を演じながら学ぶというのはすごく大事なことで、「ナナメの関係」が豊かかどうかということにも関わってくるんだよ。

人間は「親／子」や「教師／生徒」といったタテの関係だけで学ぶかといったら、そうじゃない。友達どうしのヨコの関係だけでもない。

タテでもヨコでもない、ナナメの関係というのが、とても大切なんだ。

いま塾が人気なのも、塾の先生というのは親でも教師でもない、ナナメの関係だからなんだよね。人生的にもインパクトがあったり、教訓めいたセリフでも、へたすると学校の先生が言うよりも塾の先生が言ったほうが効いたりする。

「正解をたくさん記憶せよ」という「情報処理力」のほうならタテの関係からでも教えられる。

でも、それ以外の例外事項については、異世代間のナナメの関係から学ぶ以外ない。これはコミュニケーションの一般原則で、たとえば会社でもそうなんだけど、同じ説教を職場で上司から言われるよりも、飲み屋で先輩から言われたほうがよっぽど聞く耳を持つでしょう（笑）。

だから僕は、人間の人生って、この「ナナメの関係」がどれほど豊かであるかによってかなりの部分が決まると思っているんです。

自分の本当の兄弟じゃなくていいから、相談できるお兄さんお姉さん、おじさんやおばさんでもいい、おじいさんやおばあさんでもいい。親や先生じゃない、人生の先輩たちとの関係。

ただ、いまの子どもたちは異質な世界を避けて、あまり触れたがらないよね。みんな同質の仲間ばかりが集まって、仲間どうしでつるんで、家に帰ってからもケータイでメールして、パソコンでもチャットして。薄っぺらいチャットコミュニケーションが流行ってしまっているから。

ケータイが登場してからは、なんとなくケータイによってつながっているという幻想がジャマして、そこから一歩踏み出す動機づけが難しくなっている。

だから、高校や大学に行ったら、できるだけバイトをやるべきだと思う。できれば同世代の人間ばかり集まるバイトじゃなくって、異世代の人間が集まるところ。そしてみんながバリバリ働いている最前線。そうでもしないと、地域社会が壊れちゃった都会では「ナナメの関係」なんか築けないからね。

生きるためのバランス感覚を

これは講演なんかでも必ず言ってることなんだけど、僕は、中高生のうちに身につけておいてもらいたいものがふたつあります。

ひとつは「集中力」で、もうひとつは「バランス感覚」。

「集中力」については、「大人になってから集中力を鍛えました」という人に、僕は会ったことないんですよ。会社に入ってから、これこれこういうトレーニングを積んで集中力を高めました、という人には会ったことがない。

まず、どんな人でも、ある分野で成功していたり、ユニークな仕事をしている人というのは、百パーセント集中力がある。これはもう話していればわかる。

そして彼らの集中力というのは、絶対に小中高のうちに身につけている。この期間で身につけなければ、一生身につかないんじゃないかとさえ思う。受験勉強というのは、集中力を身につける、またとない機会なんだ。

いっぽう「バランス感覚」というのは、ちょっと説明が難しい。

いまの子どもたちって、世の中と自分との関係について、うまくバランスがとれてないんですよ。周囲の人間との関係も、物事との関係も。

冗談みたいな話なんだけど、転《ころ》んでも手をつかないで、そのまま顔から倒れて鼻を折ったりする。サッカーボールを蹴って骨折したりね。こういう話って、漫才のネタだとばかり思ってたんだけど、実際に教育現場にやってきたら、そういう子がいるんですね。

要するに周囲の物事と自分との「関係性」に揉《も》まれてない。

たとえば、外に出て戦争ごっこをやってた連中は、どのへんから飛び降りたら大丈夫だけど、どこから飛び降りたら危険だ、といったことが遊びながら身についてるよね。

転び方にしても、砂場で相撲やプロレスごっこをやっていれば、受け身なんてものを習わなくても自然と身につく。

そうした体を使った経験が圧倒的に不足しているんですね。これって、単に平衡《へいこう》感覚の話をしてるんじゃないんだよ。

たとえば、子どものころってアリを踏んづけたり、バッタの頭を引きちぎったり、そういう残酷なことをよくやるよね。

最近の大人たちはそういうことを禁止する傾向が強いかもしれない。でも、僕は昆虫たちの尊《とうと》い犠牲のうえで、子どもたちは「命」の勉強をしてるんだとも思っている。

たとえば、バッタの頭を引きちぎる。ちょっとだけ気持ち悪い。それで、もう少し大きなバッタの頭を引きちぎる。もっと気持ち悪いし、罪悪感も出てくる。そういう経験を重ねていくと「これ以上はできない」という一線を自分の中に引くんですよ。

そういう一線ができれば、絶対に猫なんかにはいかない。昆虫たちで学んだ「気持ち悪さ」の経験のないヤツが、いきなり猫にいったり、あるいはもっと極端に走ったりするんだ。

もちろん、こうした自然との関係性が欠けてくると、対人的な関係性にも大きな影響が出る。ちょっと仲良くすると妙にベタベタしてくるとか、少し冷たくすると、もう絶縁状態のようになるとか。間《ま》とか距離感みたいなものがなくなって、ベタベタしてるか、離れているかだけの人間関係になってしまう。きっと、ストーカーなんかの問題も、そこに原因があるんじゃないかな。

夢よりも大切な「クレジット」

大人たちはよく「夢をもちましょう」みたいな話をするよね。

それで子どもたちにも「夢をもたなきゃいけない」というプレッシャーがかかる。

さらには「自分が成績が悪いのは、将来の夢や目標がもてないからだ」なんて勘違いするヤツもいる。

でも、僕は夢なんかいらないと思う。むしろ「夢をもたなきゃ症候群《しょうこうぐん》」みたいなものは、逆に危険なものだとさえ思う。

まず、技術と経験の積み重ねがない「夢」など、しょせん「幻想」にすぎないでしょう。

たとえば、イチロー選手のような非常に特殊な育てられ方をした人、はじめっからプロ野球選手になるんだと決めていて、しかも実際にプロ野球選手になって、さらにあれだけの大選手になってもなお他人の何倍も努力して……だなんて、こんな人は珍しいというか、プロ野球の世界にさえ、彼以外ほとんどいないわけですよ。

あるいは、考古学者の吉村作治さんの場合だと、小学生のころいじめを受けて、教室に居場所がなくて図書室に逃げ込んだ。そこで出会った一冊が『ツタンカーメン王のひみつ』で、そこから考古学への道に進んでいったというんですね。これはとても感動的なストーリーなんだけれども、僕はものすごい稀有《けう》な例だと思っている。

人間って、技術と経験を積んでいけば、階段を上るようにして自分の視点が高くなっていくでしょう。そして、見える世界が変わってくる。夢だの目標だのは、そこから先に考えても、全然大丈夫なんだ。

じゃあ、夢も目標も見えないのに、なんのために勉強しているのか？

なんのために働いていくのか？

そして、なんのために生きているのか？

僕は「クレジットを高めるため」という言い方をしています。

クレジットというのは、他人からもらえる信頼や共感、信任の総量のこと。

もし、クレジットという言葉がわかりにくければ、ロールプレイングゲームの「経験値」みたいなものだと考えてもらっていい。

要するに、外に出て、闘って、経験値を上げていかないと、賢者にも会えないし、魔法も使えないし、勇者の剣《つるぎ》も見つからない。もちろん次のステージにも行けないし、大ボスのドラゴンも倒せない。お姫さまを救うこともできない。

だから、クレジットが低いままというのは、ずっとレベル2とかレベル3で、こん棒を武器にスライムと闘っているようなものなんだよ。「できること」がものすごく限られていて、ちっとも面白くないの。

でも、クレジットが高まると、他人からアクセスされるようになるし、アクセスできるようにもなる。そうすると他人の力を使えるようになって、より的確な納得解が得られるようになるんだ。

そうやってクレジットを高めることを先にやってから、夢を抱くほうがずっといい。

だって、クレジットが高まると、思ったことはほとんど実現できるようになるんだよ。ことさら夢だなんて言葉を使う必要もない。ものすごく自由度が高まっていく。そういう生き方のほうが、普通の人にとってはいいんじゃないかな。

「もっと大きな夢をもちなさい」とか「いまどきの若者は夢がない」とか、大きなお世話だよね、そんなこと。

テレビとケータイを切る勇気を

僕が受験勉強で得たものは、ふたつある。

ひとつは戦略性。全部覚えることなんて到底《とうてい》無理なんだから、どこに絞《しぼ》るかということがポイントになる。

人間って、「やることを絞ろう。時間も能力も限られているんだから」と気がついたとき、はじめて戦略的になれるんですよ。限られた時間の中、自分の労力をどこに注いでいくか、真剣に考えることができるようになる。

それで、自分が練り上げた戦略を貫《つらぬ》くには、集中力が必要になってくる。特に僕は、まともな受験対策なんて最後の半年だけだったから、とてつもない集中力を要したんだ。

だから、僕は大学受験によって集中力という「剣」を手に入れて、戦略性という「盾《たて》」をもゲットした感覚があるな。

じゃあ、具体的に、これからみんながどうやってそれを手に入れるか？

答えは簡単で、中学と高校ではテレビの時間を制限することと、ケータイの使用を徹底的に制限すること。……こんな結論だと、みんなに嫌われちゃいそうだけどね。

だって、テレビってものすごく面白いでしょ。ケータイだって必需品だ。

でも、それほど面白いものを「自分の意志で制限する」ということができれば、その後の人生でのライフマネジメントに大きな影響を及ぼすに違いない。人生をマネジメントする力になる。面白いバラエティ番組をやっているときでもダラダラ見てないで、スイッチを切るという勇気や潔《いさぎよ》さが、社会に出たときの決断力として利《き》いてくる。

ケータイにしても、ダラダラ待ち合わせしないで「土曜日の1時に渋谷ハチ公前」って決断する。それで、当日はなにがあっても1時前に駆けつける。

これは、社会に出てからなにより大事なタイムマネジメント能力になる。時間管理や自己管理能力につながっていくんだな、これが。

絶対、中高生のうちに鍛えたほうがいいよ。

そして、テレビやケータイを制限すると、自然と別のコミュニケーションを求めるようになるでしょう。それで気がついたときには、自分の周りに以前よりはるかに豊かな「ナナメの人間関係」ができてくるはずだから。

藤原先生へ5つの質問

Q どういう子どもでしたか？

A いい子でしたよ。20代まではほんとうに「早く」「ちゃんと」「いい子に」働きました。なにも考えず、ただ働いていた。それで30歳のときに病気になって、ようやく物事や自分の人生を考えるようになって、10年くらい哲学の時代が始まった。それで40代から自分の人生というか、生きざまみたいなものが動き出したような感じですね。

Q 学生時代に感銘を受けた本は？

A 小学校の高学年で読まされたルナールの『にんじん』、ヘルマン・ヘッセの『車輪の下』。これで本が大嫌いになった。なんでこんな薄暗い話を読まなきゃならないのか、心底頭にきたね。この2冊が10代〜20代の僕を読書嫌いにしてくれました（笑）。

Q 学生時代の得意科目と苦手科目は？

A 得意科目は数学でした。苦手な科目は物理と化学ですね。最初、理系クラスを選択して3年の2学期に文転したのも、バンド仲間が「男なら建築ジャン」とか誘ったからなんですよ。数学の楽しさは解けること。そして成長が実感できること。国語がつらいのは、そのへんが見えにくいんですよね。

Q 学生時代に後悔はありますか？

A 高校のときにバンドをやっていたんだけど、もうちょっとギターを練習しておけばよかったな。カッコよくリードギターができるくらいにね。あとは剣道をもっとやっていればよかった。もう少しで初段をとれるところでやめたんだよね。でも、海外に出て思ったよ。剣道とか空手とか、そういう日本的ななにかを身につけておけばよかったって。

Q 大学に行ってよかったことは？

A 政治学とか文化人類学とか、そういう自分の専門以外の講義で目からウロコというのがたくさんあったな。あとは、社会に出てから「東大ブランド」というのは確かにあった。「あいつ、東大なのに営業できるぞ」みたいな逆の評価もあったりね。東大を出て実績を残せなかったらカッコ悪いんだけど、実績を挙げたときにはすごく価値を増すんですね。

オススメ！ 藤原先生の本

人生の教科書［よのなかのルール］
ちくま文庫
定価：９５０円＋税

「ビミョーな未来」をどう生きるか
ちくまプリマー新書
定価：８００円＋税

【藤原和博の「よのなかnet」】 http://www.yononaka.net/

課外授業 心理

(モチベーション向上術)

「自分という他者」を味方につけよう

モチベーションをキープする心のトレーニング

特別講師　カリスマ・セラピスト

石井裕之

いしい・ひろゆき　1963年、東京都生まれ。パーソナルモチベーター、セラピスト。催眠療法やカウンセリングの施療経験をベースにした独自のセミナーを指導。人間関係、ビジネス、恋愛、教育など、あらゆるコミュニケーションに活かすことができ、誰にでも実践できる潜在意識テクニックを公開。企業からの講演依頼も多数。主な著書に『なぜ、占い師は信用されるのか?』『一瞬で信じこませる話術　コールドリーディング』『人生を変える!「心のブレーキ」の外し方』(以上、フォレスト出版)、『ダメな自分を救う本』(祥伝社)などがある。

勉強とは、そして人生とは、いつだって自分との闘いだ。もっと遊びたい、ダラダラ怠《なま》けたい、いっそ大学なんかあきらめてしまいたい。そんな誘惑に打《う》ち克《か》ち、目標に向かってあゆみをゆるめない人間だけが成長していくのだし、受験や人生で勝利を収めることができる。ここで大切なのは、いかにして自分のモチベーションをキープするか。そして、競争相手は友達や同級生ではなく、自分自身なのだ。

そこで、人気沸騰のカリスマ・セラピスト石井裕之氏に、モチベーション向上のノウハウについて講義してもらった。キーワードはズバリ「自分という他者」である。

龍山高校特進クラス担任　桜木建二

「コールドリーディング」ってなんだ？

まず、簡単に僕の自己紹介をしておきましょう。

僕の肩書はセラピスト、パーソナルモチベーター、催眠《さいみん》療法家。簡単にいうと、催眠療法という欧米で広く認められている精神療法をベースに、いろんな人たちの悩みや心配事を、一緒に解決していくというもの。また、やる気を高めていったり、人間関係をスムーズに運ばせたり、というお手伝いもしています。もちろん、中高生から勉強や受験の相談を受け、それを一緒に解決していくこともありますよ。

さて、そんな経験の中から、僕が紹介している心理テクニックが「コールドリーディング」というものです。これはいったい、どういうものでしょう。

まず、「*cold*」には「準備なしで」とか「パッと突然に」といった意味があります。英語で「*cold call*」といえば、飛び込み営業のことなんですね。そして「*reading*」には「占い」とか「霊感で読み取る」などといった意味がある。

だから、コールドリーディングというのは「準備なしで、パッと突然に、相手のことを（まるで霊感のように）読み取るテクニック」となります。ニセ占い師やインチキ霊能者が、自分を本物のように見せる技術。こう説明したほうがわかりやすいかもしれません。

念のためにいっておくと、僕は彼ら「自称占い師」や「自称霊能者」のことを、頭っから否定しているわけではありません。むしろ評価しているくらいです。なぜなら、彼らは疑似《ぎじ》カウンセラーであり、疑似セラピーのようなことをやっているのですから。

たとえば、彼らのところに「今年の運勢を占ってください」とか「前世を教えてください」という人がやってきますよね。でも、これはほんとうに今年の運勢を知りたいわけでもなければ、前世を知りたいわけでもない。結局のところは「知ることによって、幸せになりたい」のです。

だから、自称占い師も自称霊能者も、相談者をハッピーにして帰す、ということが仕事なんですね。その中にいる一部の悪い人たちだけが、高い壺を売るとか、インチキ宗教に勧誘したりとかするだけの話で。

そして、そうやって相手をハッピーにする、つまり相手といい関係をつくるためのテクニックが、コールドリーディングなんです。

その「相手をハッピーにしてあげる」という前提に立っているのなら、たとえ彼らのやっていることに多少ウソやごまかしがあったとしてもいいんじゃないか、というのが僕のスタンスです。

「自分という他者」を意識してみる

さて、そこでみなさん自身のことを考えてみましょう。

日々の勉強や大学受験に、このコールドリーディングの考え方をスライドさせていくんです。

だって、相手といい関係を築くための道具がコールドリーディングであるのなら、自分といい関係を築く際にも、コールドリーディングは使えるはずですよね。

自分といい関係を築くって、わかりにくいかな？

たとえば、ダイエットなんかはわかりやすい例でしょう。

ある人が「よし、今日からダイエットしよう」と思ったとしよう。でも、なかなかうまくいかない。どうしても甘いものを食べたり、運動不足になったりしてしまう。これは「自分との対話」がうまくいっていないから、起こることなんですね。「健康のためダイエットしよう」と思う自分と、「でも食べたい」とか「運動するのは面倒くさい」と思う自分がぶつかり合ってしまうんです。

つまり、「自分という他者」との対話がうまくいかず、いい関係がつくれていないということになります。

これは受験や勉強でも同じです。

目標があって、それに向けてスケジュールを立てて、塾に通ったり家庭教師をつけたり参考書を買い込んだりと、勉強をしていくわけですよね。

だったら、本来はそれを「普通に」やっていけばいいだけの話なんです。普通にやれば、勉強なんて苦もなくこなせるはずですよね。少なくとも、自分が立てたスケジュールをこなすことは絶対にできる。

でも、それができない。これは、ダイエットができないとか禁煙できないというのと同じメカニズムなんですよ。自分の中のコミュニケーション、自分との対話がうまくいっていないんですね。

こうなったとき、「いい関係をつくる」というコールドリーディングのテクニックが役に立ってくるのです。

自分を信じ込ませるテクニック

じつはニセ占い師って、ものすごいストレスがかかる仕事なんですよ。だって、本人には「自分はニセモノだ」ということがわかっているんだから。ニセ占い師たちは、いくら相手をハッピーにさせるためとはいえ、ずっとウソをついているんです。

そして人間って、ウソをつくことにとてつもないストレスを感じるんですね。

たとえば、サギ師や泥棒にしても、心のどこかで「早くバレてほしい」という気持ちがあるものなんです。「もうひとりの自分」である潜在《せんざい》意識は、「ウソをつき続ける生活から解放されたい」と思ってしまうんですよ。

これと同じで、ニセ占い師もそのままウソをつき続けていると、ストレスでどうにかなってしまいます。だから、彼らにとっては「自分自身を信じ込ませるトレーニング」が重要になってくるわけです。

一般に、これは自己暗示といった言葉で語られるものですが、ただ自己暗示と片づけていては誤解を招きやすいかもしれません。正確には、これは「もうひとりの自分」とのコミュニケーションの問題です。

そして受験や勉強に役立つのは、ここの部分なんですね。

「大丈夫だ」と思うほど不安になってしまう

自己暗示という言葉には、大きな誤解が潜《ひそ》んでいます。

たとえば受験生の場合、自己暗示のつもりで「大丈夫だ、大丈夫だ」「受かるんだ、受かるんだ」と自分に言い聞かせる。ところがそうやって言い聞かせるほど、不安になり、プレッシャーに押しつぶされてしまうものです。

これはなぜかというと、ほんとうに大丈夫だったら、わざわざ「大丈夫だ」なんて言わないんですね。ほんとうに受かる人、合格間違いなしと確信を抱いている人は「オレは受かるんだ」なんて言わない。

もう少し日常的な例を挙げるなら、ニンジンが好きな人は、わざわざ「大丈夫、オレはニンジンが好きなんだ」なんてことは言わないでしょう。なにも意識せず食べるはずです。ニンジンが嫌いな人だけが「ニンジンはおいしい」と、心にもないことを口にするんです。これは寝つけない夜に眠ろうと思えば思うほど、どんどん目が冴《さ》えていってしまうのと同じ現象ですね。ほんとうに眠いときには、なにも考えなくても眠れます。

つまり、ことさらに「大丈夫だ」とか「受かるんだ」とか言ってる時点で、潜在意識的には「大丈夫じゃない」という暗示がかかってしまうんです。

だから、受験に対するアプローチも「どうやったら受かるか?」ではないんです。「受かるのが当たり前」というスタンスでいるから、受かる。

その意味では、『ドラゴン桜』の主人公・桜木建二は一貫して「受かるのが当たり前」というスタンスで指導にあたっていますよね。これはコールドリーディング的にも、すごく正しいことなんです。

この漫画がこれだけ長い間支持されてきた理由は、この主人公の揺れないスタンスにあると思います。

それがないと、きっと読めば読むほど不安になるだけの漫画になってしまうでしょう。周囲の人たちが揺れる中で、桜木という教師だけは一貫して揺れない幹《みき》になっている。いまの世の中には、こういう人がいないから不安が増幅してしまっているのかもしれません。

ニセ占い師に学ぶ心理テクニック

じゃあ、ニセ占い師はどうやって自分を本物だと信じ込ませているのでしょうか？

もしも彼らが「しょせん自分はニセモノだ」と思っていたら、お客さんも占いを信じてくれません。自分が信じているから、力強く「今年の運勢は最高です」と断言できるのですし、断言してくれるから、お客さんも信じてくれるのです。

それでは、実際にニセ占い師たちが使っているテクニックをご紹介しましょう。

まず、目を閉じて「いかにも占い師！」という人の姿を思い浮かべてください。テレビに出ている実在の有名占い師ではなく、渋谷や原宿あたりの占いの館《やかた》なんかにいそうな、普通の占い師です。

彼らはどんな格好をしていますか？

見るからにヘンな格好をして、奇妙な名前を名乗って、薄暗い部屋で、水晶やタロットカードなど、あやしげなアイテムを使っていますよね。もしかするとその部屋には、お香が薫《た》かれていたり、神秘的なＢＧＭが流れていたりするかもしれない。これには、深い理由があります。

というのも、これらはすべて演じるための小道具、舞台装置なんですね。

たとえば、内気な人がコスプレすると大胆になるように、ヘンな格好をして、奇妙な名前を名乗ることで、自分を演じやすくする。ロックミュージシャンにしても、髪の毛を金髪に染めて、整髪料で逆立てることで、より過激なパフォーマンスがしやすくなるわけでしょう。

もちろん、ニセ占い師が小道具を用意するのは、お客さんを「占い」のイメージに巻き込むという目的もあるのですが、第一にあるのは自分自身をだますことなんです。

それでは、どうして外見を変えるのでしょうか。

じつは、人間の心って「外側（周囲の環境）」と「内側（潜在意識）」のバランスをとろうとする習性があるんですよ。

典型的な例を挙げれば、部屋が散らかっている人は、心も汚れていたり、未整理な問題がいっぱい残っている。部屋を掃除すれば、気分もサッパリして心もキレイになる。環境（外側）を変えれば、潜在意識（内側）はそれに説得されていくものなんです。

特に潜在意識は「見てないようで見ているところ」、つまり周辺視野から入ってくる情報にものすごく流されやすいんですね。

だからこそ、占い師はゴテゴテと部屋を装飾《そうしょく》するわけです。

きみの部屋は「合格する人」の部屋か？

この方法は、そのまま自分に当てはめることができます。

まず、自分の部屋を見渡してください。

そして、仮にあなたが東大をめざしているとすれば、自分の部屋が「これから東大に合格する人」にふさわしい部屋なのか、あるいは「東大生」にふさわしい部屋なのか、を考えてみましょう。

もちろん「絶対合格」なんて貼り紙をしているようでは、もうまるっきりダメですね。だって、「受かるに決まっている人」はそんなことしないでしょう。東大生の部屋なんて見たことないから、イメージが湧《わ》かない？

ここでイメージするのは、べつにほんとうの東大生の部屋である必要はありません。

あくまでも、自分が主観的にイメージする部屋でかまわないんです。埃《ほこり》ひとつ落ちてないようなピカピカの部屋が「東大生の部屋」なのか、あるいは難しい本がたくさん並んでいる部屋が「東大生の部屋」なのか、そのあたりは自分のイメージする部屋、勝手に思い浮かべるものでまったくかまいません。

もしもイメージするのが難しければ「仮に合格したとき、はたして自分の部屋はこのままだろうか？」と考えてみてください。

すると「いや、合格したらいらない参考書は本棚にしまうだろうな」とか「受験も終わったんだから友達を呼べるように部屋をキレイにするだろうな」とか、いろんなイメージが湧いてくる。あとは、素直にそれを実行すればいいんです。

逆に考えるなら、「合格したら、こうする」というイメージのある人は、その時点で「まだ合格していない」という暗示がかかっているわけですね。

だから「合格したら捨てよう」と思っている参考書は、実際に捨てるかどうかは別として、少なくとも視界の中に入れてはいけない。本棚の隅《すみ》にでも入れるようにして、机の上から消してしまうべきなんですね。

また、もしも「合格したら、ご褒美《ほうび》として腕時計を買おう」と思っているとすれば、もう先回りして腕時計を買っちゃうことです。そうすれば、潜在意識は「あ、合格したんだな」というふうに勘違いして、大きな自信を与えてくれます。

逆に「合格しても、部屋も服装もこのままだ」と思えるのであれば、わざわざ変える必要はないわけです。

自分の潜在意識に対して、意志の力で「自分は東大に合格して当たり前だ」と思い込ませようとしてみても、まず無理です。

でも、部屋や服装など、周辺から変えてやることで「自分は合格するに決まっている」という潜在意識をつくり出してやる。これは意外と簡単なことなんです。

「合格圏内の人」として振る舞う

環境の次に変えるのが、人に対する接し方です。

特に、受験が本格化してくると、それまでいつも一緒に遊んでいた友達が急に「今日は塾があるから」とか「受験が終わるまでゲームはやめた」とか言いはじめることもあるでしょう。どこか裏切られたような気もするだろうし、焦《あせ》りや不安もある。それで相手の成績が伸びていったら、嫉妬《しっと》や憎しみさえ感じるかもしれない。いっそ、失敗しちゃえと思ったりすることだって、あるはずです。

でも、潜在意識的には、誰かに嫉妬してる時点で「自分はその人に劣っている」という暗示になります。

だって、自分が合格するんだったら、誰にも嫉妬する必要なんてないでしょう。

実際、ほんとうに勉強ができる人は、勉強で他者を嫉妬するなんてことはありません。誰かがいい点数をとっても、あるいは先に合格しても、心の底から「よかったね」と祝福するはずです。

このメカニズムを理解できるかどうかで、気の持ち方は全然変わってくるんですよ。嫉妬心が芽生《めば》えたときにでも「あ、この考え方は自分にとってマイナスになるんだ」と振り返って、気持ちを別方向に持っていくことができる。

ただ、これはなかなか難しい問題で、大抵《たいてい》の人は自分のマイナス面を見つけたら、それを打ち消そうとするんですよ。「嫉妬しちゃいけないんだ」とか「怒っちゃいけないんだ」とかね。

でも、嫉妬や怒りはどんなに打ち消しても消えないんです。

血の通った人間なんだから、嫉妬心や怒りがあるのは当たり前。嫉妬も何も感じないというのは、逆にいえば目標に向かって真剣に取り組んでいない、あきらめている、ということですから。

だから、打ち消すのは無理なんだと認めたうえで、嫉妬心や怒りが行き過ぎないよう客観的にバランスを取る。これが唯一のコントロール術なんですね。

理想的なのは、次のような流れです。

「いま嫉妬心を感じたな」

「ということは、まだまだ自信が足りないのかな」

「とはいえ、焦りは禁物《きんもつ》だ」

「よし、じゃあ自分にできる範囲の勉強をしよう」

嫉妬でも怒りでも、メカニズムがわかっていれば、それが起こったときにも冷静に対処できます。

嫉妬してもいい。怒ってもいい。自分も高い目標に向かって頑張っているんだから、それを感じるのは当たり前なんだ。だけど、その感情はプラスにはならない。問題はバランスなんだ、と。

「早く受験地獄から抜け出したい」ではうまくいかない

もしかすると、受験生の中には「合格したら、こうなりたい」という前向き

な思いよりも、「とにかくこの受験地獄から抜け出したい」ということだけを願っている人も多いのかもしれません。

でも、「この状況から逃げ出したい」というモチベーションで物事にあたってうまくいく人の割合は、かなり低いんですよね。いまやってることに面白さや喜びを感じるからこそ、前に進めるのです。

目標に向かっていくのか、それとも現状から逃げているだけなのか。それは同じ前進であっても、意味合いが全然違っているんですよね。

どうしてそんなことがいえるのか？

じつは、潜在意識は「いやいやながらやっていること」について、なるべく早く破綻《はたん》させようとします。

だって、考えてみてください。

ほんとうに「受験地獄から抜け出したい」のであれば、合格するよりも「合格をあきらめる」ほうが手っ取り早いんですよ。

そうなると、潜在意識は「自分が合格できない理由」をいっぱい見つけてきて、あなたに告げ口してきます。

たとえば「もう間に合わない」とか「中学時代に勉強してなかった」とか「塾のレベルが低い」とか「先生が悪い」とか「親が悪い」とか。こんなことでは、潜在意識と仲良くなるどころか、ちょっとした敵対関係になってしまいます。

それでは、どうして受験勉強が苦しいのでしょうか？

これは結局、「合格できないかもしれない」と思っているから、苦しいんですね。

でも、同時に「合格できるかもしれない」という可能性があるからこそ、苦しんでいるともいえる。

合格するのが当たり前だと思っていれば、勉強は楽しいはずなんです。

あるいは、合格なんて絶対に無理だと思っていれば、大学受験なんて苦しくない。さっさとあきらめて遊び回るでしょう。そのどちらでもない不安定な場所にいるからこそ、苦しいわけです。

とにかく、「早く受験勉強の苦しみから逃れたい」というメンタリティーは、マイナスに作用するだけだということを理解してください。

そして、どうしても苦しいときには、自分の成長を確認するのがベストです。

たとえば去年の自分と比べてみたら、勉強のレベルも成長してるし、内面的にも成長している。先月は知らなかった単語を、こんなにたくさん覚えた。その喜びを噛《か》みしめながら、前進するようにしましょう。

合格したら夢のような生活が待っていると想像するのは、大事なことです。でも、それよりももっと大切なのは、「いま現在の自分が、一歩ずつ成長している」という事実の素晴らしさを知ることなのです。

だって、実際にみなさんは日々成長しているのですから。

「数学が苦手」は強みにもなる

これって意外な話かもしれないけど、「僕は文系人間だ。数学は根っからダメなんだ」と思うことは、悪いことばかりではありません。

だって、「僕は文系だから数学が苦手」と思っている時点で、「でも国語は得意なんだ」という暗示がかけられているんです。だったら、その長所を先に伸ばしていこうよ、というのがセラピストの考えです。

人間って、なにかを思い込もう（自己暗示をかけよう）と思っても、そう簡単には思い込めないものなんです。それが「僕は文系だ」と思い込めているということは、その時点でものすごい強みなんですよね。

逆に「僕は文系だ」と言っている人に「文系だけじゃダメだ。数学も物理もしっかりやれ」とカミナリを落とせば、せっかくの長所である文系を否定することになります。そして結局は、自分の強みさえ失ってしまうんですね。

最初から全体的に点数がいい人なんて、ほとんどいません。

誰でもどこか得意なものが先にあって、それを見つけ、伸ばしていくことで、勉強の面白さがわかり、ほかの教科も伸びてくる。そういう順序なんですよ。

これはセラピーの現場でもよく言うことなんですけど、自信がない人はどんな小さなことでもいいから「これなら負けない」というものをひとつ見つけることです。

スリッパを揃《そろ》えるのが得意とか、歯を磨くのが上手だとか、そんなレベルでもいいから、とにかく「これなら負けない」をつくる。それを見つけられると、もうグングン伸びていきますよ。

逆に、自分の欠点とか「できないこと」を見ていくクセがつくと、自分はできないという暗示がかかって、ほんとうにできない人になってしまいます。勉強が嫌いな人の大半は、気持ちがこっちに傾いているんじゃないのかな。

じゃあ、実際に勉強という分野で、どうやって「これなら負けない」をつくっていくかが問題になりますね。

これは意外と簡単なんです。

自分の得意分野をつくるには

自分の得意分野、「これなら負けない」というものをつくっていくコツは、

「部分から攻める」ことです。

たとえば、英語で「自分はPではじまる単語なら誰にも負けない」とか、そういうレベルからスタートしてみましょう。

辞書のPのページを徹底的に覚えていって、とにかくPの専門家になっちゃう。

バカバカしいと思うかもしれないけど、これはとんでもない自信になりますよ。だって、Pの単語なら学校の先生にだって負けないわけだし、問題文の中にPの単語を見つけるたびに「これならまかせろ」と実感できるんだからね。

そしてPの専門家になったら、今度はMの専門家になる。そうやっていけば、驚くほどの変化が待っています。

というのも、人間の思考や行動には、「部分は全体を包括《ほうかつ》し、全体は部分を構成する」という特徴があるんです。わかりやすくいえば、「部分は全体であり、全体は部分である」ということ。

全体の中からどこか一ヵ所を取り出すと、そこにすべての情報が入っている。つまり、どんなに狭い範囲でも、一点に集中してびっしり勉強すれば、そこに勉強というものの全体像が入っているんです。

だから、いきなり全教科をやる必要なんてありません。英語の、しかもPの単語だけで十分だから、とにかくそこを完璧にやってみましょう。

または、ペーパーバックを買ってきて、最初の5ページだけ完璧に翻訳する。そして暗誦《あんしょう》できるくらいまでに覚える。そうすると、残りの何百ページがサーッと読めるようになるものなんですよ。これは僕の実体験でもあります。

世界史だって、とりあえず中国史、しかも三国志の部分だけを完璧に覚える。小説や漫画を読みふけって、徹底的に頭に叩《たた》き込む。壮大な物語の世界にどっぷりとハマる。すると、今度は教科書をめくってみたときに、その後の中国史全体がスッと頭に入るようになるんです。

そして、いったんこうなってしまえば、ほかの勉強をやるときにもなんとなくのカンが働くようになる。部分を知ることによって、全体を知ることができているのです。

これなら簡単そうでしょ？

否定形の言葉は使わない

自分の長所を見るか、欠点を見るか。これによってその人の人生は大きく変わっていきます。

たとえば、「まだ準備ができていない」とか「受験まで一年しかない」とか、そういう否定形の言葉を使うクセがあったら、すぐにでもあらためるべきです。

これらはすべて肯定形に変えられます。

「準備ができていない」は「さっそく準備しよう」。

「あと一年しかない」は「まだ一年もある」。

そうやって「あるもの」を見つけるほど、潜在意識は動きやすくなります。

逆に「ないもの」に目を向けると、潜在意識はまったく動いてくれません。

だって「〜がない」というのは、あくまでも概念的なものであって、実体を伴わない言葉ですからね。

たとえば、催眠状態に誘導した人に「緊張しなくていいですよ」と声をかけると、思いっきり緊張するんですよ。潜在意識は「しなくていい」という否定形を理解できませんから、「緊張」という言葉にだけ反応するわけです。だから、この場合は「リラックスしましょう」と声をかけるべきなんですね。スポーツでも、ピンチに追い込まれたピッチャーが「焦るな、焦るな」と否定形の言葉で自分に言い聞かせようとすればするほど、焦ってしまう。そんなときは「リラックス、リラックス」という肯定形の言葉を使うべきです。つまり、文系の人は「僕は数学ができない」ではなく「僕は文系が得意だ」というメンタリティー(心の持ち方)が重要になる。理系が苦手だから文系を選んだわけじゃない。文系が得意だから文系を選んだんだ。そう思うべきです。

自分を鼓舞《こぶ》するつもりで「あと一年しかない」と言っても、潜在意識はなんのことだか理解できず、動きようがありません。

ところが「まだ一年ある」と言われたら、「じゃあ、その一年でなにができ

るか」という発想につながっていくんです。

こうした自分の口ぐせ、言葉ぐせを知るには、日記がいい目安になります。毎日しっかり日記をつけていれば、自分が普段どれくらい否定形の言葉を使っているかわかるでしょう。

根拠がないからこそ自信なんだ、という発想

こうやって、自分という他者とうまく付き合う、潜在意識に呼びかける方法を考えていくと、要するに「自信をもつ」ということに集約されていきますよね。

それでは、自信と過信の違いはどうなるんだ、と思うかもしれません。あまり自信過剰になるのもよくないはずだ、と。

これについていえるのは、まず自信と過信には境界線なんてないんですね。ここから先は過信で、ここまでは自信、という明確なラインなんてない。

これは境界線で分けるものではなく、バランスの問題なんです。どんな自信でも過信になりうる。それは線で区切られているものではなく、いつでもどこでも過信に変わるかもしれない危険性をもっているものなんですよ。そして、状況によって取るべきバランスは変わってくるんです。

たとえば、ものすごく困難な壁に挑むとき。このときには、適度な自信なんかじゃダメで、思いっきり過信のほうに軸足《じくあし》を置く必要がある。そうしないと思いきって飛び込むことができませんからね。

逆に、さほど難しくない課題を前にしたときこそ、過信せず、足をすくわれないよう用心深くしないといけない。

大学受験だって、ずっとA判定が出ている人ほど、自分を戒《いまし》めながら、慎重に事に当たるべきでしょう。

じゃあ、自信、自信って、根拠のない自信でもいいのでしょうか？

これはもう、はっきり断言しておきます。

いいです。根拠などなくていいんです。

むしろ、根拠がないからこそ、自信なのです。

根拠というのは「過去」のことです。過去の実績に対して自信があるのは、当たり前の話。ただの事実にすぎません。それに、なにかしらの根拠を求めているということは「不安要素を排除しようとしている」不安のあらわれです。これでは、本物の自信ではありません。

そして根拠がないからこそ、何度失敗してもいいんです。

失敗によって自信を失う必要はありません。

潜在意識的に考えたら、なにもチャレンジせずに「あのときやっておけば、うまくいったかも」と思うよりも、果敢《かかん》にチャレンジして「この方法ではダメだった」という気づき（学び）を得ることのほうがずっと生産的です。

そして再び、根拠のない自信をもって、新しい課題にチャレンジしていけばいいのです。

どうしてクラスで友達ができないんだろう？

クラスの中にはたくさんの人がいます。

怒りっぽいヤツもいれば、おとなしいヤツもいる。そういう集団における人間関係をよくしていくには、どうすればいいのでしょうか。

ここで大切になるのは、とにかく自分自身のコントロールです。

だって、自分の中にも「何人もの自分」がいるわけですよ。

怒りっぽい自分もいれば、臆病《おくびょう》な自分もいる。スポーツが好きな自分もいるし、音楽が好きな自分もいる。そんな「何人もの自分」とうまく付き合える人は、そのまま集団の中でも上手に立ち回れるようになります。

ポイントは、グループのことを「たくさんの人たち」と思わないことです。

まず、グループのことを「ひとりの人間」のように見る。

そうすると、自分の中に「何人もの自分」がいるように、グループにも「たくさんの人たち」がいる。それだけの話なんですよ。これも、「部分は全体であり、全体は部分である」わけですね。

集団行動が苦手な人たちって、自分の友達と会うときにでも、ひとつの関心でしか見ていないんですよ。同じバンドが好きとか、同じスポーツが好きとか、一点でしかつながっていない。その先にある「ほんとうの彼」や「たくさんの彼」を見ようとしない。A君ならA君を一面的に捉えて「ひとり」としてしか見ていないから、グループになったときにうまくいかなくなるんです。しかも、こういう人は人間関係も破綻しやすいし、集団の中に溶け込んでいくことが苦手なんです。

A君の中に、優しいA君がいて、いじわるなA君がいて、正義感あふれるA君がいて、怒りっぽいA君もいる。そうやって多面的に捉えていければ、いざ何十人というグループの中に入ったときも、上手に人間関係を構築していくことができるはずです。だって、もう何人もの相手をするのは慣れっこなんだから。

その意味で考えれば、スタートとしてはクラス全体と仲良くなろうとする必要はないんです。いきなり全体を相手にしたら圧倒されちゃうだけでしょう。

最初は、誰かひとりと仲良くなればいい。

そのかわり、その人と徹底的に仲良くなる。「何人ものその人」を知り、それを受け入れる。一点だけでつながろうとしない。それができるようになってくると、今度はクラス全体との人間関係も簡単に構築できるようになる。

勉強でも人間関係でも、常に「部分は全体であり、全体は部分である」ことを意識することですね。

一ヵ所を変えることができれば、すべてを変えることができるんです。

勉強を持続させる究極の裏テクニック

勉強をやるうえで困るのは、机に向かってもなかなか集中できず、グズグズしてしまうことでしょう。

これを解消するヒントは、じつは「前の日」にあるんです。

たとえば問題集を解いている場合、前日の勉強を最後まで終わらせず、最後の何問かをわざと残しておくんですよ。

そして今日は、その続きからスタートする。そうすると昨日の続きだから、意外にスッと入ることができるんですよ。

普通は逆に考えますよね？

切りがいいところまでやって、気持ちよく終わろうとする。でも、それだと翌日にエンジンのかかりが悪いんです。頭の中のエンジンが冷えきってしまうんですね。

ドラマだってそうでしょ？

一話完結じゃなくってストーリーが連続するドラマのほうが、翌週もスッとドラマの世界に入れる。それと同じことです。

だから、分厚い本を読むときも、気分が乗らなかったら1章の残り2ページくらいでやめちゃう。そうすると「続き」だから次の日にスッと入っていける。

これが1章の最後まで読みきって、翌日は2章の頭からになると、なかなかエンジンがかからないものなんですよね。

これから受験を迎えるきみたちへ

受験というのは、きみたちが生まれて初めて「自分という他者」と真正面から向き合う、絶好のチャンスです。

ぜひ「自分という他者」を味方につけて、最高のエンディングを迎えられるようにしてください。

そのためには、自分の欠点を見るのではなく、とにかく長所を見つけること。そして長所を伸ばしていくこと。そうすれば、欠点だって勝手に解消されていきます。

ここまで僕が紹介してきたコールドリーディングのテクニックは、みなさんの常識からすると意外なものばかりだったかもしれません。でも、意外だからこそ、効果てきめんなのです。

たとえば、これまで腹筋を鍛えてなかった人が一日に30回でも腹筋をやると、ものすごい効果が出ます。

一方、これまで毎日１００回の腹筋をしていた人が回数を１３０回に増やしても、目に見えるほどの効果は期待できない。

つまり、「いままでやってこなかったこと」を少しでもいいからやってみること。成長は、その先に待っています。

石井先生へ5つの質問

Q 子どものころなりたかった職業は？

A これは不思議と心理カウンセラーなんです。途中、海外で働きたいとか思った時期もあるんですけど、小学生時代にいちばん最初に考えたのは心理カウンセラー。実際、海外に行って催眠療法などに出会い、結果的に小学生時代の夢に戻ってきたという感じなんです。

Q どんな子どもでしたか？

A 自分の気持ちを言えない、自信のない子どもでした。どうして周りのみんなは野球が得意だとか、絵が得意だとか、そういうものがあるのかわからなかった。自分はなにもできないと思ってましたから。それが変わったのは、「おまえ、できるじゃん！」って他者から認めてもらえたことからだと思うんです。だから、いま僕はそういう存在になりたい。自信のない人、自信を失っている人に「できるじゃん！」と声をかける人にね。

Q 心に残る恩師は？

A 中学のときの英語の先生。僕なんかクラスの中でほんとうに地味な存在だったのに、その先生がみんなの前で「石井は英語ができる」と言ってくれたんですよね。人間って、他者から認められたそのままに育っていくものなんですよ。「石井は優しい」と認められたら、優しい人格が育つ。そういうものなんです。

Q 学生時代の得意科目と苦手科目は？

A 得意なのは英語。苦手なのは社会科かな。不思議なのは中学時代から「英語だったら石井だ」みたいなことを言われるようになったんです。自分ではそんなにできている実感もなかったのに。そうすると「オレってできるのかな？」と思うし、やがてほかの科目も面白くなっていきましたね。

Q 疲れたときのストレス解消法は？

A 寝ることです。眠っているときって、潜在意識がもっとも活発に働いて、脳内の情報を整理整頓してくれるんですよ。受験生も睡眠時間を削ることはよくありません。

オススメ！ 石井先生の本

ダメな自分を救う本
祥伝社黄金文庫
定価：552円＋税

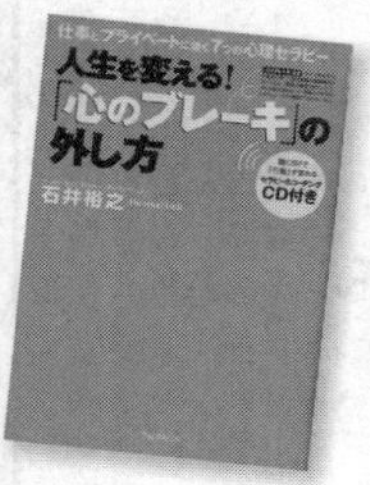

人生を変える！「心のブレーキ」の外し方
フォレスト出版
定価：1300円＋税

【石井裕之オフィシャルホームページ】 http://hiroyukiishii.com/

本作品は二〇〇七年六月、小社より刊行された『ドラゴン桜公式副読本　16歳の教科書』を文庫収録にあたり、加筆、修正したものです。

金田一秀穂―ハーバード大学客員教授を経て、杏林大学外国語学部教授。祖父・京助、父・春彦に続き、日本語研究を専門とする。
鍵本 聡―株式会社KSプロジェクト代表取締役。豊富な経験をもとに、生徒の立場からの学習法を実践的に探究している。
高濱正伸―「作文」「読書」「思考力」「野外体験」を重視した学習教室「花まる学習会」代表。算数オリンピック決勝解説員。
大西泰斗―オックスフォード大学言語研究所を経て、東洋学園大学教授。イメージを重視した画期的英語教育で注目を集める。
竹内 薫―理学博士。ベストセラー科学作家として硬軟自在の著作多数。テレビの情報番組にも活躍の場を広げている。
藤原和博―東京都で民間人初の公立中学校校長に就任。現在、奈良市立一条高校校長。実践的授業「よのなか科」を開発・推進。
石井裕之―パーソナルモチベーター、セラピスト。催眠療法やカウンセリングの施療経験をベースに独自のセミナーを指導。

講談社+α文庫 ドラゴン桜《ざくら》公式《こうしき》副読本《ふくどくほん》 16歳《さい》の教科書《きょうかしょ》
――なぜ学び、なにを学ぶのか
7人《にん》の特別講義《とくべつこうぎ》プロジェクト&モーニング編集部《へんしゅうぶ》・編著

2016年4月20日第1刷発行
2021年5月26日第5刷発行

発行者――鈴木章一
発行所――株式会社 講談社
東京都文京区音羽2-12-21 〒112-8001
電話 編集(03)5395-3522
販売(03)5395-4415
業務(03)5395-3615

デザイン――鈴木成一デザイン室
カバー印刷――凸版印刷株式会社
印刷――共同印刷株式会社
製本――株式会社国宝社
本文データ制作――講談社デジタル製作

落丁本・乱丁本は購入書店名を明記のうえ、小社業務あてにお送りください。
送料は小社負担にてお取り替えします。
なお、この本の内容についてのお問い合わせは
第一事業局企画部「+α文庫」あてにお願いいたします。
Printed in Japan ISBN978-4-06-281667-0
定価はカバーに表示してあります。